Como Encontrar um Marido depois dos 35

"Sogrinha"

Mulheres bonitas, batalhadoras, generosas e especiais como a senhora não merecem estar sozinhas.

Espero, de todo coração, que este livro ajude-a a encontrar uma pessoa muito especial do jeito que a senhora merece.

Um grande beijo

Feliz Aniversário, são os votos sinceros de seu genro querido

Bico

07/09/04

Rachel Greenwald

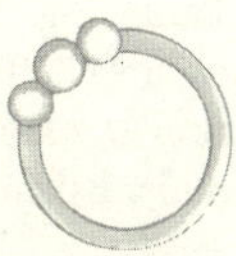

Como Encontrar um Marido depois dos 35

USANDO O QUE APRENDI NA HARVARD BUSINESS SCHOOL

SEXTANTE

Título original: *Find a husband after 35*

tradução
Simone Lemberg Reisner

preparo de originais
Virginie Leite

revisão
Clara Diament
Sérgio Bellinello Soares

projeto gráfico e diagramação
Valéria Teixeira

capa
Glenda Rubinstein

fotolitos
R R Donnelley América Latina

impressão e acabamento
Bartira Gráfica e Editora S/A.

CIP-BRASIL. CATALOGAÇÃO-NA-FONTE
SINDICATO NACIONAL DOS EDITORES DE LIVROS, RJ

G831c Greenwald, Rachel
Como encontrar um marido depois dos 35
/ Rachel Greenwald ; tradução Simone Lemberg
Reisner. – Rio de Janeiro: Sextante, 2004.

Tradução de: Find a husband after 35
ISBN 85-7542- 126-3

1.Companheiro conjugal - Escolha.
2. Encontro (costumes sociais). 3. Solteiras - Psicologia.
I. Título.

04-1313. CDD 646.77
CDU 392.4

Editora Sextante (GMT Editores Ltda.)
Rua Voluntários da Pátria, 45 – Gr. 1.404 – Botafogo
22270-000 – Rio de Janeiro – RJ
Tel.: (21) 2286-9944 – Fax: (21) 2286-9244
Central de Atendimento: 0800-22-6306
E-mail: atendimento@esextante.com.br
www.sextante.com.br

SUMÁRIO

INTRODUÇÃO
Iniciação ao marketing 7

ATENÇÃO, TOMEM SUAS POSIÇÕES... 14

PASSO 1: FOCO DE MARKETING
Faça do *Programa* sua prioridade número um 19

PASSO 2: SUPORTE DE MARKETING
Encontre uma Mentora 32

PASSO 3: EMBALAGEM
Invista em sua melhor aparência 39

PASSO 4: EXPANSÃO DE MERCADO
Amplie sua rede 62

PASSO 5: MARCA
Identifique o que a torna diferente 74

PASSO 6: PROPAGANDA
Promova a sua marca pessoal 87

PASSO 7: MARKETING ON-LINE
Seja eficiente 103

PASSO 8: MARKETING DE GUERRILHA
Faça algo diferente! 133

PASSO 9: NICHO DE MERCADO
"Interesse-se" por mulheres 152

PASSO 10: TELEMARKETING
Traga sua coleção de cartões de visita 167

PASSO 11: MARKETING DE MASSA
Incremente o volume 182

PASSO 12: MARKETING DE EVENTOS
Dê uma *Festa-Programa!* 202

PASSO 13: O CICLO DE VIDA DO PRODUTO
Recarregue-se 218

PASSO 14: REVISÃO TRIMESTRAL DE DESEMPENHO
Avalie seus resultados 229

PASSO 15: ESTRATÉGIA DE SAÍDA
Administrando os homens 249

NEGÓCIOS ANTES DO PRAZER
Uma carta para você 265

APÊNDICE
Serviços de relacionamento on-line 267

INTRODUÇÃO

Iniciação ao marketing

Por que você ainda não se casou? Esta pergunta não tem a menor importância.

O que importa não é por que você ainda está solteira, mas o que pretende fazer a respeito disso. Eu criei um plano de ação que chamei simplesmente de *O Programa*. Ele vai ajudá-la a encontrar um marido. *O Programa* utiliza poderosas estratégias que aprendi na Harvard Business School, no meu dia-a-dia como profissional de marketing e no próprio trabalho de orientação a mulheres solteiras como você. Ele vai impulsionar a sua vida amorosa e fazer de você uma mulher casada.

Se você está lendo este livro, provavelmente tem entre 35 e 105 anos e está querendo se casar pela primeira – ou pela quarta – vez. Já deve ter passado por fases de resignação, quando teve certeza de que jamais iria encontrar um grande companheiro. Talvez seja divorciada ou viúva, ou nunca tenha se casado, pois dedicou todo o tempo de que dispunha à profissão ou ao homem errado. Talvez esteja acima do peso ou só consiga pensar nos problemas de saúde de seus pais. Talvez seja tímida e tenha dificuldades no contato com os homens. Não importa o que a levou a essa situação: você está solteira e disposta a fazer mudanças.

Para algumas mulheres, ser solteira é uma escolha. Elas se sentem felizes, exceto pela frustração de não terem encontrado um grande companheiro. Suas prioridades são outras e sua vida está completa, com amigos, família, atividades e profissão. Entretanto, se você está lendo este livro agora, talvez esteja pronta para mudar o seu foco de interesse.

Para outras mulheres, ser solteira não é uma opção, mas o resultado de uma série de acontecimentos sobre os quais elas já devem ter refletido bastante. Chega de psicanálise, é hora de partir para a ação.

É óbvio que você não quer encontrar um companheiro qualquer. Provavelmente, já teria conseguido isso por si mesma. Seu desejo é encontrar um marido especial. Quando afirmo que as estratégias deste livro vão ajudá-la a arranjar um marido, saiba que me refiro ao "seu marido especial".

E esses maridos admiráveis estão por aí. Alguns homens são tímidos, outros vivem muito ocupados com o trabalho, ou tomam conta dos filhos sem nenhuma ajuda, e muitos apenas não sabem onde se escondem as maravilhosas mulheres solteiras. Esses homens sentem-se sós e também estão por aí, à procura do amor. Você vai aprender a encontrá-los lendo este livro.

O *Programa* permite que você tome as rédeas da situação através de 15 passos. Ele foi planejado para mulheres que atingiram uma idade com desafios específicos, com um número menor de candidatos em potencial e estilos de vida mais segregados.

Que fique bem claro: este não é um programa para quem não quer se empenhar. Algumas vezes você vai sentir que requer um esforço grande demais ou que é planejado ao extremo. Mas ler este livro é como ligar para um serviço de emergência: "Casamento 190". Vamos fazer o que precisa ser feito. Você está só, seu relógio biológico está ligado e seu maior desejo é ter um marido afetuoso. Se estivesse procurando emprego, não pouparia tempo nem esforços na busca pelo melhor que pudesse conseguir. Se quisesse emagrecer, faria todos os sacrifícios e seguiria todas as prescrições. O *Programa* é uma mistura de caça ao emprego e dieta rigorosa: envolve dedicação, sacrifícios e regras.

É possível que você já tenha colocado em prática algumas das regras propostas neste livro. Mas acredito que tenha utilizado apenas algumas delas e de maneira esporádica. A maioria das táticas amorosas utilizadas pelas mulheres não tem objetivo nem coordenação. Elas se movem em direções diferentes e não levam ao resultado desejado. O truque está em combiná-las num abrangente e sistemático programa estratégico.

Existem inúmeros recursos já testados para reunir solteiros acima de 35 anos: encontros arranjados, festas, passeios organizados por grupos de solteiros, encontros "casuais" e muitos outros. Embora vários dos 15 passos defendam tais métodos, o que você vai encontrar no *Programa* é uma variedade de táticas novas e criativas para torná-los *eficazes* na sua vida. Não quero mudar *você*, quero mudar o que *você faz*.

Muitas táticas propostas neste livro nada mais são do que mero bom senso. Mas não parto do princípio de que você as esteja utilizando. De qualquer forma, o que quer que tenha feito até agora não deu certo. Então, o que você tem a perder?

POR QUE É DIFERENTE PROCURAR MARIDO DEPOIS DOS 35?

Existem seis diferenças importantes para se levar em consideração nessa etapa:

1. Urgência: Se você já passou dos 35 anos e está procurando marido, deve sentir uma certa urgência. Seu relógio biológico está a todo vapor se você deseja ter filhos. A família e os amigos não param de perguntar: "Por que você ainda não se casou?" E você já não agüenta mais nadar sozinha num mar de gente casada. Se for divorciada ou viúva, existem outras questões urgentes: o estresse de ser mãe e tomar conta dos filhos sozinha ou o peso da solidão após tantos anos ao lado de um companheiro.

2. Menos homens solteiros: É uma equação matemática difícil de se entender. O número de homens e de mulheres solteiros com mais de 35 anos deveria ser exatamente igual, certo? Errado. No Brasil, de acordo com o censo de 2000 do IBGE, a proporção é de 6,9 milhões de mulheres solteiras nessa faixa etária para 6,2 milhões de homens na mesma situação. Quando se considera o total de pessoas desimpedidas (separadas judicialmente, divorciadas, viúvas e solteiras) com mais de 35 anos, a diferença fica ainda mais desfavorável: são 14 milhões de mulheres para 9 milhões de homens. É preciso aceitar essa realidade e descobrir a melhor maneira de lidar com ela. Isso significa que os critérios para decidir o tipo de homem que você procura devem ser ampliados. Aceite a possibilidade de que seu futuro marido possa ter grandes qualidades, mas que elas venham numa embalagem diferente da que você imaginou. Ele pode ser divorciado, ter filhos, ser mais baixo que você ou pode ter uma profissão completamente diferente das exercidas por outros homens com quem você namorou.

3. Corpos mudados: Outra dura realidade. Depois dos 35 anos certas "imperfeições" em determinadas áreas do corpo se tornam mais visíveis. O Passo 3 do *Programa*, Embalagem, trata desse assunto e é de extrema importância. Não é preciso ser linda e magra para se conseguir um marido. Na verdade, o mais importante para ter sucesso é o seu nível de comprometimento com a procura. Mas é preciso fazer algumas pesquisas e descobrir o que deve ser feito para melhorar a sua aparência como um todo.

4. Bagagem: Aos 35 anos, você provavelmente tem uma "bagagem" de vida maior do que aos 25 ou 30 anos. Pode haver a sombra de um ex-marido ou ex-noivo, lembranças de um marido morto ou, pior ainda, um pai ou mãe cuja aprovação você deseja conquistar a qualquer custo. Seu emprego pode exigir demais de você, seus filhos pequenos podem consumir toda a sua energia, seus filhos adolescentes podem esgotar sua paciência, seus pais doentes podem deixá-la angustiada e sentindo-se culpada. Talvez você tenha problemas pessoais relacionados a peso, timidez ou auto-estima. O *Programa* vai lhe mostrar como concentrar-se em seu objetivo sem se deixar oprimir pelo peso da bagagem.

5. Hábitos: Quanto mais velha é uma pessoa, maior dificuldade terá em mudar seus hábitos. É provável que você repita padrões de comportamento e escolha sempre o homem errado, ou seja muito exigente e não dê nem chance a novos candidatos. E que seja rígida também em outras áreas. Passa um tempo excessivo no escritório ou tem uma rotina sólida e constante em casa. Para quebrar esses hábitos – que foram se formando ao longo dos anos e que a impedem de encontrar um marido –, é preciso dar um verdadeiro choque em todo esse sistema.

6. Estilo de vida mais isolado: Depois dos 35, sua vida é mais segregada. Você não está mais na faculdade, onde centenas de rapazes fazem parte do cenário. Não vai todas as noites a bares e festas, onde a oferta de homens disponíveis é farta. Seu cargo no trabalho deve ser mais alto, o que pode implicar maior distanciamento dos outros colegas ou a transferência para outra cidade, onde não conhece ninguém e o número de candidatos a marido parece encolher. Ou talvez tenha conquistado o "direito" de trabalhar em casa e quase nunca se encontre com os colegas. Quase todas as suas amigas estão casadas e têm filhos e relacionar-se com elas lhe dá a sensação de estar "sobrando". Provavelmente, sua vida caiu numa mesmice e você se vê repetindo os programas de sempre, com os amigos de sempre. O Passo 8, Marketing de Guerrilha, vai lhe dar as ferramentas necessárias para fazer algo diferente e mudar seu estilo de vida.

O GARGALO DEPOIS DOS 35

Existem vários estágios no processo de ser solteiro, em qualquer idade, e eles estão identificados ao longo deste livro. Eles são basicamente os seguintes:

> Liberdade > Esperança > Amor > Perda > Ressentimento > Reflexão > Decepção > Resignação > Renovação > Procura > Namoro > Seleção > Compromisso

Minha intenção é ajudá-la quanto ao estágio que a maioria das mulheres considera o mais difícil depois dos 35 anos. Analisei cada um deles e me perguntei: "Se fossem etapas de um negócio, onde estaria o gargalo?" Este termo é usado em administração de empresas para identificar a área da linha de produção que não está trabalhando com eficiência, desacelerando as outras funções. Muitas mulheres afirmam que o gargalo depois dos 35 é a Procura, porque a oferta de homens e a oportunidade de encontrá-los são muito menores. Afirmam também não saber como encontrar bons candidatos, não ter ânimo para continuar procurando e já ter perdido as esperanças. Isso lhe soa familiar?

É claro que todos os estágios são, por si mesmos, assustadores, mas O *Programa* tem como foco principal o mais importante gargalo para as mulheres acima dos 35: a Procura. Entretanto, o Passo 15, Estratégia de Saída: Administrando Homens, fala também sobre alguns temas relacionados aos estágios de Namoro, Seleção e Compromisso. Mesmo que algumas leitoras ainda tenham problemas com padrões nocivos de comportamento do passado e dúvidas quanto aos outros estágios, acredito que todas são suficientemente maduras para navegar por esses mares turbulentos e saber onde e como encontrar a ajuda de que precisam (amigos, família, terapia, livros de auto-ajuda, etc.). Quero me concentrar em lhe dar as ferramentas para, em primeiro lugar, *encontrar* o homem que pode ser seu futuro marido.

FRANCO E SEM RODEIOS

Ao ensinar O *Programa*, serei direta em meus conselhos e direi coisas que talvez você não queira ouvir. Mas vou dizer a verdade. Dezenas de livros de auto-ajuda oferecem conselhos amáveis e reconfortantes. Não é o caso deste livro. O *Programa* é rígido e audacioso. Ele vai impulsioná-la a agir, oferecendo estratégias criativas para arranjar um marido. Por isso não fique aborrecida quando o trabalho começar.

ATENÇÃO, TOMEM SUAS POSIÇÕES...

Antes de começar O *Programa*, você precisa cumprir quatro tarefas para tomar posição e ficar pronta:

1. Valorize seus melhores clientes: Vá correndo comprar algumas caixas de cartões de agradecimento bem caprichados. Eles nunca serão demais enquanto estiver seguindo O *Programa*. Muitas pessoas irão ajudá-la, apoiá-la e agendar encontros para você, e é importante agradecer a cada uma delas. Que melhor maneira de encorajá-las a lhe arranjar novos encontros do que enviar-lhes um afetuoso cartão de agradecimento? Se alguma vez você bancou a casamenteira para suas amigas, aposto que pouquíssimas se deram ao trabalho de demonstrar o quanto apreciaram seus esforços, principalmente se a apresentação não teve sucesso. Essa é uma área na qual você pode se destacar das outras mulheres em busca de marido: simplesmente envie um cartão delicado e afetuoso quando uma pessoa tiver feito a gentileza de apresentá-la a alguém.

2. Livre-se das influências e estímulos negativos: Pare de interagir com pessoas que não apóiam a sua busca por um companheiro ou que fazem tudo para que continue solteira, inclusive ex-namorados ou ex-maridos que tenham alguma influência negativa sobre você. Guarde no fundo do armário fotografias de antigos amores e presentes que ganhou deles, assim como qualquer objeto cuja visão a faça sentir-se melancólica. Para seguir em frente e atingir seu objetivo, você precisa evitar qualquer coisa ou pessoa que desperte sentimentos negativos.

3. Enterre a sua bagagem: Talvez a tarefa mais importante seja enterrar sua bagagem emocional. Um terapeuta nunca lhe diria isso! Mas, como parto do princípio de que você luta contra essa bagagem há muito anos (e quem não a carrega?), afirmo categoricamente: *enterre-a!* Você não se sente bonita o suficiente para atrair um sujeito interessante? Tem medo de ser rejeitada? Tem medo de voltar a confiar em alguém? É viciada em trabalho? Os traumas da infância continuam a persegui-la? Foi traída pelo ex-marido? Acha que não merece ser amada? Seja lá qual for sua bagagem, é impossível carregá-la durante O *Programa*. Primeiro, você vai estar muito ocupada para pensar nesses assuntos. Em segundo lugar, essa bagagem é, provavelmente, a desculpa que você encontrou para justificar o fato de não ter tido um relacionamento que desse certo, mas desculpas estão fora do *Programa* – o que vale é *ação!*

4. Caia na farra: Na noite anterior ao início do *Programa*, caia na farra! Faça algo que lhe dê prazer. Você está embarcando num plano inflexível e deve encará-lo como se fosse uma dieta rigorosa. No ano passado entrei no Vigilantes do Peso e emagreci nove quilos. Na noite anterior caí na farra e comi um bolo de chocolate inteirinho! Escolha algo que considere extravagante e se delicie. Quem sabe um relaxamento num spa, um caríssimo par de sapatos, faltar ao trabalho e passar o dia no cinema ou comer alguma coisa bem gostosa e com milhares de calorias? Essa vai ser a sua última festança antes de levar a sério o projeto de arranjar marido.

DETALHES DE IMPLEMENTAÇÃO DO PROGRAMA

Como usar este livro

Você deve ler todo o livro primeiro para entender o campo de ação do *Programa*. Depois, volte para o Passo 1 e comece a colocar em prática os 15 passos.

Os passos do *Programa* são seqüenciais

Os 15 passos foram projetados para serem seguidos em ordem. Os passos de 1 a 5 são como tijolos de uma construção. Eles vão lhe dar a base necessária para colocar em prática as estratégias apresentadas nos passos de 6 a 15. Cada passo irá desenvolver as habilidades, a confiança e as experiências necessárias para cumprir O *Programa*. Tudo isso é um *processo*. Só será possível dominar de verdade as diversas abordagens e idéias novas depois que você for capaz de fazer as mudanças descritas nos passos iniciais.

Entretanto, se durante algum dos estágios você conhecer um homem e engrenar um namoro sério, pode pular para o Passo 15, Estratégia de Saída: Administrando os Homens. Se acontecer de você logo encontrar o homem certo e se casar, abandone O *Programa*. Se acabar descobrindo que se enganou, que ele era o homem errado, retome o último passo que estava fazendo antes de encontrá-lo.

Duração de cada passo

Como O *Programa* é um processo, um passo pode levar mais tempo para algumas mulheres do que para outras. Vai depender do seu nível de comprometimento e da confiança que depositar no *Programa*. Para algumas mulheres, será um giro de 180 graus em relação a tudo em que acreditavam e a todas as atitudes do passado. Outras terão apenas de estruturar alguns princípios nos quais já acreditavam e comportamentos que já praticavam (parcialmente).

O tempo dedicado a um determinado passo também varia bastante, dependendo do passo em que você está e do quanto ele é difícil para você. Alguns deles podem ser completados em apenas um dia (como o Passo 1, Foco de Marketing), enquanto outros podem demorar meses (talvez o Passo 15, Estratégia de Saída). Alguns são contínuos (como o Passo 7, Marketing Online), e você vai continuar a fazê-los até encontrar seu marido, mesmo que siga para a tarefa seguinte. Os 15 passos deverão estar completos num período de 12 a 18 meses. A tabela abaixo mostra a duração aproximada de cada grupo de passos:

Passos 1 – 5	Passos 6 – 12	Passos 13 – 15
1 – 2 meses	6 – 9 meses	5 – 7 meses

Mas aqui vai uma boa notícia: existe um máximo de tempo para se fazer O *Programa*. Os sacrifícios não são de longo prazo e não serão um meio de vida permanente.

O *Programa* é rígido

Por que O *Programa* é tão rígido? Fazendo uma analogia com dietas, se você estiver dois quilos acima do seu peso ideal, não terá necessidade de se submeter a um regime rigorosíssimo. Mas, se você precisar perder mais de quarenta quilos, vai sentir uma certa urgência em encontrar uma dieta eficaz e vai segui-la à risca. É exatamente o que ocorre na caça a um marido. Aos vinte e poucos anos você não achava que tinha de se casar o mais rápido possível. Os planos e o tempo eram abundantes. Depois dos 35 (se o casamento for seu objetivo principal) já há uma certa urgência em utilizar o tempo com inteligência e fazer algumas mudanças rápidas.

Uma declaração da apresentadora Oprah sobre a vida de forma geral me causou um grande impacto. Ela disse: “A única coisa de que tenho certeza é que não existem atalhos. O velho e antigo trabalho árduo é o que realmente funciona." O *Programa* é uma forma revolucionária de se lidar com o namoro: é um trabalho árduo, mas a recompensa é grande. Leva apenas entre 12 e 18 meses, se for seguido com rigor. Não invente desculpas nem tenha pena de si mesma. Ele foi feito para quem pretende entregar-se de corpo e alma a um objetivo maior: casar-se com um homem especial.

Não é preciso ter mais de 35 anos

Quanto mais cedo você começar O *Programa*, melhor. Quanto mais jovem, maiores as suas chances de namoro. Em geral, as mulheres de menos de 35 anos não têm a sensação de urgência e a dedicação necessárias para seguir O *Programa* com rigor, mas talvez você seja "precoce". Se responder afirmativamente às três perguntas prioritárias do Passo 1, siga em frente. Você está pronta!

PASSO 1

FOCO DE MARKETING

Faça do *Programa* sua prioridade número um

O QUE APRENDI NA HARVARD BUSINESS SCHOOL

O foco de marketing é a base de qualquer nova campanha publicitária. *Foco* significa dedicação e determinação exclusivas, acima de tudo. Qualquer diretor de marketing talentoso e respeitável sabe que precisa direcionar totalmente a energia e os recursos disponíveis para um projeto novo importante. A verdade é que é mais fácil fazer 50 coisas pela metade do que uma só realmente bem-feita. Um programa de marketing só é bem-sucedido se tiver 100% de foco e comprometimento de seu líder.

SUA PRIORIDADE NÚMERO UM

Você não pode querer "mais ou menos" conseguir um marido. Para alcançar resultados com O *Programa*, essa busca deve ser sua prioridade número um, ou será o mesmo que atravessar o oceano num barco a remo. Isso significa que, nos próximos meses, arranjar marido deverá ser mais importante que trabalho, amigos, família, estudos, hobby ou qualquer outra coisa que consuma seu tempo. O *Programa* requer um foco extremo em seu objetivo.

Antes de me encontrar com uma cliente pela primeira vez, sou capaz de dizer se ela vai estar casada entre 12 e 18 meses depois do encontro. A resposta está na rapidez de sua reação. Ao tomar conhecimento do *Programa*, as mulheres verdadeiramente focadas em arranjar marido telefonam para marcar um encontro comigo dentro de 24 horas. Estão prontas para começar. Quando essa nova cliente vem ao meu encontro, já está preparada para agir. Não me pergunta *por que* ainda está solteira nem deseja falar sobre relacionamentos ou problemas passados. Em vez disso, pergunta: "O que eu preciso fazer em primeiro lugar?" Se tiver uma visão direcionada, sei que em breve estará casada.

Para determinar se você está pronta para começar O *Programa* agora mesmo, há três Perguntas Prioritárias para as quais sua resposta deve ser "sim". Seja honesta consigo mesma.

Perguntas Prioritárias

1. Encontrar um marido é o objetivo *mais* importante de sua vida neste momento?
2. Você faria *qualquer coisa* para conseguir um marido, desde que não fosse ilegal ou imoral?
3. Você se compromete a dedicar o tempo, a energia e o dinheiro necessários para encontrar um marido?

Se não foi capaz de responder "sim" de imediato a essas três perguntas, talvez esse não seja o melhor momento para você começar O *Programa*. Isso não quer dizer que deva fechar este livro: continue a leitura e selecione algumas das idéias que achar mais interessantes. Mesmo que não desenvolva os 15 passos em seqüência, vai aprender algumas novas estratégias que podem mudar a sua condição de solteira. Poderá mover-se na direção de um objetivo, ainda que não seja a toda velocidade.

Porém, se respondeu "sim" às três perguntas, está em plena via expressa e deve conseguir encontrar um marido 12 a 18 meses após aderir rigorosamente ao *Programa*.

O QUE REALMENTE SIGNIFICA PRIORIDADE NÚMERO UM?

O simples fato de *responder* "sim" às três perguntas anteriores é um bom começo. Mas, se a sua prioridade número um é encontrar um marido, suas *atitudes* devem estar de acordo com suas *palavras*. As mulheres costumam dizer que querem se casar, mas criam obstáculos, sabotando a si mesmas. As próximas três seções irão ajudá-la a saber se você está verdadeiramente pronta e o que é preciso para transformar O *Programa* na sua prioridade número um.

DOTAÇÃO ORÇAMENTÁRIA: FAZENDO UM INVESTIMENTO

Não é barato arranjar marido. Adoraria dizer que não custa nada, mas, infelizmente, não é verdade. Há custos diretos para se cadastrar em agências de namoro, para ter acesso a um pacote maior de benefícios em sites de encontros, comprar entradas para festas onde pode encontrar outros solteiros, para dar uma grande festa em casa e muitas outras coisas. E há também custos indiretos para melhorar sua aparência, como roupas novas, maquiagem, cabeleireiro, sutiãs que levantam os seios, ginástica e dietas. Dependendo da sua situação financeira, as despesas podem ser bastante significativas. Talvez você precise comprar um computador para começar a namorar pela Internet. Talvez precise contratar uma babá para poder sair à noite com mais freqüência. Se esses custos a preocupam, não entre em pânico. Como se diz no meio empresarial, você está "fazendo um investimento". Está gastando mais do que está ganhando neste momento, esperando um retorno de capital a longo prazo. É exatamente o que você faria se estivesse à procura de um emprego: gastaria dinheiro para imprimir seu currículo, se cadastrar numa agência de empregos, visitar as empresas em que gostaria de trabalhar e comprar uma roupa nova para a entrevista. O retorno do investimento é o emprego. Na busca por um marido, o retorno do investimento é um homem para levá-la ao altar.

Assim sendo, crie um orçamento para essa busca. É claro que cada pessoa terá uma quantia diferente para investir durante o processo, mas sugiro que você utilize 10% de sua renda anual. Se possível, 20%. Que investimento pode ser melhor do que encontrar o homem com quem você vai passar o resto da vida? Essa quantia não precisa vir necessariamente do seu salário. É possível tirar uma parte da poupança? Muitas pessoas guardam algum dinheiro para o tempo de vacas magras. As vacas estão esqueléticas!

Se não tiver o suficiente numa poupança, pense na hipótese de pedir emprestado a familiares ou amigos.

Abra uma nova conta no banco denominada "caça-marido". Sempre que hesitar em gastar uma boa quantia para inscrever-se num serviço de encontros on-line, comprar ingresso para uma festa só para solteiros ou cortar e tingir os cabelos num dos melhores salões de beleza da cidade, simplesmente deduza de sua conta caça-marido. Cada centavo gasto valerá a pena.

Após ter lido todos os 15 passos deste livro, dê-se um tempo para pensar em como vai gastar essa verba. No mundo dos negócios, você teria de fazer uma previsão orçamentária. Planeje seus gastos semanais ou mensais de acordo com o passo do *Programa* que estiver executando, analise as estratégias que lhe parecerem mais eficazes e a quantia com a qual pode contar. Em certos meses você vai precisar de uns poucos trocados; em outros, vai precisar de uma importância mais significativa. Mais adiante, no Passo 14, Revisão Trimestral de Desempenho, você fará uma análise para saber se o dinheiro foi investido nas áreas que renderam os melhores resultados.

Aqui está uma pequena amostra dos itens que você deve

pensar em incluir em seu orçamento e que serão discutidos em outros capítulos:

Aparência

- Roupas novas
- Novo corte de cabelo ou nova cor
- Programa de emagrecimento
- Academia de ginástica

Gastos com encontros

- Participação em programas de namoro on-line
- Entradas para festas e gastos com cursos, viagens e atividades esportivas onde possa encontrar homens solteiros

Outros

- Computador para namoro on-line
- Campanha de mala direta
- Organização da grande festa do *Programa*
- Presentes e cartões de agradecimento para os que a apoiarem.

MELHORE AS SUAS PROBABILIDADES

Uma vez que tenha juntado a verba para o marketing, é preciso concentrar-se em aumentar as probabilidades de encontrar um marido. O *Programa* baseia-se principalmente em jogar com essas probabilidades. Como, de início, elas não favorecem uma mulher acima dos 35 anos, é preciso fazer tudo o que for possível para *melhorá-las*. Se estiver verdadeiramente focada, começará a tomar todas as suas decisões levando em conta qual o melhor caminho para levá-la a um marido. Por exemplo, suponhamos que você conheça um sujeito atraente e sedutor e saia com ele. Se fizerem sexo no primeiro encontro, quais são as chances de você ter uma noite animada? Provavelmente 99%! Mas quais são as chances de que ele acabe querendo se casar com você se forem para a cama logo de cara? É óbvio que não podemos ter certeza. Entretanto, com base nas histórias que as mulheres me contam, acredito que a probabilidade seria de 5%. Para otimizar suas perspectivas de arranjar marido, é melhor não fazer sexo no primeiro encontro, mas apostar na hipótese de que, se esse homem é um possível candidato a marido, você não deve se "atracar" com ele na primeira vez em que saírem juntos. Isso é apostar com inteligência. (O Passo 15, Estratégia de Saída, vai discutir minha Regra "2/2" para namoro e sexo.)

Se você namorar um homem casado, qual a probabilidade de que ele abandone a mulher para casar-se com você? Baseada, mais uma vez, nas histórias de minhas clientes, posso afirmar que é de 1%. Uma vez ouvi a história de uma amiga de uma cliente que conhecia alguém cujo primo em segundo grau abandonou a mulher e se casou com a namorada... mas, fora isso, quase nunca acontece! Por isso, se você for esperta, vai ficar bem longe dos homens casados, que têm 99% de chances de partir seu coração, além de fazê-la perder tempo. Isso é aumentar suas probabilidades.

Sempre há uma pequenina chance de que as coisas aconteçam de maneira improvável, como, por exemplo, seu Príncipe Encantado bater à sua porta por acaso. Entretanto, confiar num desses raros milagres é uma atitude ineficiente e desnecessária. Ainda mais se você quiser encontrar um marido especial em alguns meses. Aqui estão outros exemplos de áreas de sua vida nas quais você deve tomar decisões para melhorar suas chances de encontrar um marido.

Decisões do dia-a-dia

Qual é a probabilidade de você arranjar marido se, todo dia de manhã, preparar e tomar seu café em casa? Talvez 1% (tecnicamente, a cafeteira elétrica poderia provocar um curto-circuito que geraria um incêndio e um bombeiro bem-apanhado poderia surgir na sua cozinha...). Por outro lado, qual seria a probabilidade de você encontrar um marido se tomasse o café da manhã em algum lugar agradável, fora de casa? Talvez 5%. Poderia encontrar-se por acaso com um homem que estivesse na fila do caixa de uma lanchonete ou de uma padaria ou esbarrar no seu Príncipe Encantado quando ambos esticassem a mão para pegar o adoçante. Não é preciso ser profissional da área de investimentos para saber que uma probabilidade de 5% é melhor do que uma de 1%: só é preciso ser uma mulher que segue O *Programa!* Assim, para maximizar suas probabilidades em apenas uma de muitas decisões do dia-a-dia, tome seu café da manhã fora de casa.

Tempo livre

Quarta-feira à noite você fica em casa à-toa. Por que não fazer um curso? Você faz uma pesquisa e descobre que os únicos cursos oferecidos às quartas-feiras são: Faça seus próprios cartões de Natal e Iniciação à marcenaria. O primeiro pode ser infinitamente mais agradável e útil em sua vida prática, mas qual dos dois oferece maior probabilidade de arranjar marido? Se você tiver um *foco efetivo*, vá aonde os homens estão e aumente suas chances. Observe que essa é uma maneira de pensar diferente ou, em outras palavras, *focalizada:* em vez de escolher um curso que lhe interesse, você vai optar por um outro, onde os homens estão. Lembre-se de que esse é um programa de 12 a 18 meses. Você poderá aprender a fazer seus próprios cartões de Natal no próximo ano, quando estiver casada.

Também é possível encontrar um curso que interesse tanto a você quanto aos homens. Se for louca por cinema, prefira o grupo que estuda os filmes de Martin Scorsese ao que se dedica aos romances de época.

MÉTODO DE PENSAMENTO DO PROGRAMA

A habilidade de *focalizar-se* verdadeira e profundamente na procura por um marido e fazer dela a sua prioridade número um não é algo que venha de maneira natural. Repito incontáveis vezes a mesma conversa com novas clientes. As mulheres me contam que tentaram tudo o que foi possível para encontrar homens e nada funcionou. Então, peço a elas que citem alguns exemplos. Uma de minhas clientes, Molly, desfiou uma longa lista de atividades às quais havia se dedicado e que se mostraram inúteis.

– Fui a festas, freqüentei academias de ginástica, fiz um curso...

– Muito bem, vamos parar aqui – respondi. – Você fez um curso? De quê?

– De Investimento Imobiliário – respondeu ela, com um sorriso de orgulho nos lábios, certa de que havia feito a escolha certa.

– Ótimo – respondi. – Parece ser um curso freqüentado por muitos homens. Mas me diga uma coisa: esse curso tinha intervalo?

– Tinha – respondeu ela, com desconfiança. – O intervalo era de 15 minutos. Por quê?

– O que você fazia durante o intervalo?

– Bem... acho que ia ao banheiro.

– É mesmo? E a fila do banheiro era muito grande? – perguntei.

– Era...

A expressão de Molly mudou quando ela percebeu aonde eu estava querendo chegar. E, então, confessou:

– Passei o intervalo inteiro na fila do banheiro.

Minha cliente havia focalizado o pensamento – com acerto – na seleção de um curso onde certamente encontraria homens, mas não fez da procura por um marido a sua prioridade número um. Ela desperdiçou os 15 minutos do único intervalo esperando na fila do banheiro feminino (alguma vez você já viu um banheiro feminino que *não* tivesse uma enorme fila durante um intervalo?), em vez de usar a oportunidade para conhecer os homens do curso que estavam tomando café e conversando na cafeteria. A oportunidade estava ali, mas os esforços de Molly não estavam verdadeiramente focalizados. Ela deveria ter saído da sala enquanto o professor ainda estivesse falando, corrido para o banheiro, que estaria vazio, e voltado para circular durante aqueles 15 minutos. Para dizer a verdade, ela poderia ter passado a aula inteira no banheiro e se preparado só para estar na cafeteria no intervalo!

Depois de ouvir inúmeros relatos de mulheres que pensavam ter tentado encontrar homens sem obter resultados, resolvi criar uma técnica: O *Método de Pensamento do Programa*. É uma ferramenta simples para fazer com que as mulheres tomem decisões baseadas em prioridades. Trata provavelmente daquilo que você ainda não percebeu. Para muitas mulheres, não é um comportamento instintivo, mas aprendido. Em sua essência, essa técnica oferece uma nova maneira de enxergar tudo o que você faz através dos "óculos caça-marido". O esquema a seguir analisa as várias situações do seu dia-a-dia e faz um contraste entre o que provavelmente era o seu *antigo* modo de pensar e a maneira *nova* e focalizada que você deve adotar para pensar (e agir) durante O *Programa*. Como você se comporta diante dessas típicas oportunidades?

O MÉTODO DE PENSAMENTO DO PROGRAMA		
Oportunidade	**Maneira *antiga* de pensar**	**Pensamento do *Programa***
Festas	Chego com uma amiga. Ficamos juntas a noite inteira. Logo percebo que não há ninguém ali que me agrade. Pareço chateada e mal-humorada.	Chego com uma amiga. Imediatamente nos separamos, já que os homens acham mais fácil aproximar-se de uma mulher desacompanhada. Não tiro conclusões apressadas sobre os homens com base em sua aparência. Faço contato visual e sorrio para muitos deles. Converso também com as mulheres, pois muitas delas podem me apresentar a homens interessantes.
Academia de ginástica	Vou quando tenho vontade, principalmente quando o lugar não está muito cheio. Faço minhas atividades favoritas: aeróbica, Pilates e ioga.	Vou quando a academia está lotada para maximizar minhas chances de conhecer gente nova. Faço musculação e fico perto dos pesos livres (onde os homens estão). Nunca uso fones de ouvido.
Compras	Sempre faço minhas compras nas mesmas lojas, a maioria freqüentada por mulheres. Costumo ir a lojas de roupas femininas, cosméticos, enfeites para a casa.	Compro em lojas de departamento, que têm artigos femininos e masculinos. Costumo ir com freqüência também a lojas de ferramentas, CDs, artigos eletrônicos e esportivos.

Oportunidade	**Maneira *antiga* de pensar**	**Pensamento do *Programa***
Cursos para adultos	Faço cursos que despertam o meu interesse.	Escolho um curso onde há chance de encontrar homens (vinhos, marcenaria, pesca, programação de computadores, etc.)
Intervalos	Quando vou ao teatro ou a uma palestra, espero o intervalo para ir ao banheiro. A fila é sempre tão longa que quase não consigo voltar para o meu lugar antes do final do intervalo.	Saio da sala *durante* a apresentação para usar o banheiro. Quero estar livre no saguão para conhecer pessoas durante o intervalo e não perder meu tempo na fila do banheiro feminino.
Convocação para ser mesário	Que coisa mais chata! Tento me livrar da obrigação.	Que ótima oportunidade! Vou conhecer várias pessoas diferentes.
Noites de sábado	Vou jantar com meus amigos mais íntimos (um casal), na casa deles. Só nós três.	Vou a qualquer lugar onde possa encontrar gente nova.
Jornais	Minha assinatura é entregue em casa, o que é muito prático.	Cancelo minha assinatura. Prefiro caminhar até a banca e comprar o jornal para ler enquanto tomo café numa lanchonete. Nunca se sabe quem a gente pode encontrar.

Oportunidade	**Maneira *antiga* de pensar**	**Pensamento do *Programa***
Almoço	Almoço no escritório porque é prático num dia de trabalho intenso.	Saio do escritório para almoçar num lugar público. Não levo nada para ler, pois quero ficar alerta para retribuir algum olhar.
Esperando numa fila	Sinto-me frustrada. Às vezes leio um livro ou revista para passar o tempo.	Começo a conversar com a pessoa que está perto de mim.
Carro com defeito	Deixo meu carro na concessionária e volto para buscá-lo quando estiver pronto.	Espero pelo conserto no saguão da concessionária e converso com a pessoa ao meu lado.

Esses são apenas alguns exemplos de acontecimentos e escolhas que você faz todos os dias. Tenha certeza de estar pensando de acordo com o método criado pelo *Programa* – que suas atitudes e decisões sejam baseadas naquilo que possa aumentar a sua probabilidade de encontrar um marido.

LANCE SUAS AÇÕES NO MERCADO

No mundo dos negócios, quando uma empresa "abre seu capital", ela anuncia uma Oferta Pública de Venda, esperando que esse fato seja noticiado pela mídia e atraia a maior atenção possível. O objetivo é fazer com que um grande número de investidores se interesse pelas ações da empresa. Procurar marido envolve os mesmos elementos. É ótimo que todos saibam de sua busca por um companheiro porque mais pessoas poderão ajudá-la ou apresentá-la a alguém que conheçam. Você não precisa justificar suas atividades diárias (como tomar café fora de casa em vez de prepará-lo sozinha) e, é claro, não deve revelar aos homens quais são suas intenções. Mas deve anunciá-las aos amigos, familiares e conhecidos: "Encontrar alguém especial é muito importante para mim." Tornar públicas as suas intenções é parte importante de vários passos do *Programa* e você precisa estar à vontade quanto a isso.

Muitas mulheres temem que sua adesão ao *Programa* e o anúncio de sua decisão de procurar um marido façam com que pareçam desesperadas. Não dar essa impressão tem tudo a ver com a *postura* que você adotar ao fazer essa revelação e não com o anúncio em si. Se contar a uma amiga que está seriamente empenhada em encontrar um parceiro e mostrar-se encabulada, falar sem encará-la nos olhos ou desviar o olhar quando explicar suas intenções, é claro que estará dando a impressão de que existe algo errado nesse seu desejo. Encare as pessoas de frente, empine o nariz e declare com segurança o que deseja para os próximos meses. Você não está desesperada (odeio essa palavra!). Está simplesmente *focalizada* num objetivo.

PASSO 2

SUPORTE DE MARKETING

Encontre uma Mentora

O QUE APRENDI NA HARVARD BUSINESS SCHOOL

Um líder é mais produtivo quando tem uma equipe de suporte dedicada e entusiasmada, com um amplo leque de habilidades. Em geral, os líderes de marketing sobre os quais estudei tinham visão e energia para alcançar o sucesso, mas precisavam de recursos, idéias e opiniões verdadeiras de outras pessoas para atingir seus objetivos. A maioria dos que chegaram ao topo possuía um Mentor em seu grupo e considerava sua influência determinante para impulsionar sua carreira. Um Mentor é uma pessoa que se mantém nos bastidores e que instrui, dá opiniões honestas e conselhos, auxilia e incentiva a equipe.

O QUE É UM MENTOR DO *PROGRAMA*?

Um Mentor é alguém que vai ajudá-la a colocar em prática os próximos 13 passos do *Programa*. É um caminho difícil, com *muitos* obstáculos. Pode ser repleto de rejeições, mágoas, depressões e contratempos, mas acaba levando a um marido e à felicidade. O seu Mentor vai agir como um técnico: alguém que fica na lateral para torcer por você, estimulá-la, ampará-la, dizer-lhe a verdade, trazer novas idéias e apoiá-la de todas as maneiras, em todos os aspectos. Chegou ao fundo do poço? Essa é uma pessoa que você pode chamar depois de um encontro desastroso, quando está convencida de que jamais vai conhecer o homem certo, sabendo que ela não vai deixá-la desistir. Um Mentor não é apenas um suporte de marketing, é o seu salva-vidas.

CRITÉRIOS PARA A ESCOLHA DE UM MENTOR PARA *O PROGRAMA*

Diferentemente do que acontece nos relacionamentos de negócios, o seu Mentor do *Programa* não é alguém que precise ser mais velho que você. Essa pessoa vai apoiá-la, seja qual for sua idade. É mais provável que seja alguém do sexo feminino, por isso passarei a me referir a ela como Mentora, mas nada impede que seja um homem. Seja qual for o caso, sua Mentora deve preencher todos ou a maioria desses oito critérios de seleção:

1. Acreditar no *Programa*: Como você vai perceber ao ler este livro, O *Programa* é radical. Nem todo mundo terá confiança nessa abordagem. É claro que, se a sua Mentora vai apoiá-la por toda a trajetória do *Programa*, ela precisa acreditar nele.

2. Gostar verdadeiramente de você: A única motivação que deve levar sua Mentora a ajudá-la é um apreço verdadeiro por você – ela deve ser alguém que tenha uma real preocupação com o seu bem-estar e que queira vê-la ao lado de um marido especial. As pessoas têm seus próprios interesses e problemas, por isso tenha a certeza de que a sua felicidade faz parte dos compromissos da sua Mentora.

3. Ser uma pessoa positiva: Uma personalidade positiva e alegre é essencial numa Mentora, uma vez que o processo de encontrar marido é turbulento. Nessa montanha-russa não há espaço para pessoas negativas e pessimistas.

4. Ser esperta e perspicaz: Quem não gostaria de ter ao lado uma pessoa realmente perspicaz? Numa Mentora, esse atributo é vital porque vocês terão encontros freqüentes para discutir novas idéias e estratégias criativas para que você arranje um marido. Embora O *Programa* ofereça muitas táticas, você terá outras oportunidades que irão depender de sua situação individual e de sua localização geográfica. A sua Mentora deverá ser capaz de visualizar tais oportunidades. Se você não se sente à vontade diante de um computador, pense em selecionar alguém que saiba usá-lo e que possa colocá-la on-line (talvez você precise de ajuda no Passo 7, Marketing On-line).

5. Ter bom senso: Uma pessoa "esperta" nem sempre tem bom senso. A sabedoria vem com a maturidade e a experiência, por isso procure uma Mentora que tenha experiência de vida. Escolha alguém que, na sua opinião, fez boas escolhas próprias e seja capaz de oferecer a você uma perspectiva madura da sua vida.

6. Ser verdadeira: Você vai querer uma Mentora que seja honesta. Provavelmente há muitas pessoas ao seu redor que lhe dizem aquilo que deseja ouvir ou o que pode fazer você sentir-se melhor. O que você precisa é ter ao seu lado uma pessoa que lhe diga a verdade, qualquer que seja ela. Você necessita de resultados e não de concordância.

7. Ser casada: O ideal é que sua Mentora seja casada. A experiência tem mostrado que Mentoras casadas são melhores porque fizeram a própria jornada e encontraram seus maridos. Elas podem até ter alguns arrependimentos quanto ao processo ou aos resultados alcançados, mas devem ter aprendido com os próprios desacertos e poderão ajudá-la a evitar erros semelhantes.

Além disso, uma Mentora feliz no casamento não vai competir com você na caça ao marido.

8. Ter tempo disponível: Todo mundo vive ocupado com seus problemas pessoais, mas algumas pessoas têm mais tempo para dedicar aos outros. Sua Mentora deve ser capaz de dedicar a você pelo menos duas horas por semana, que podem incluir conversas ao telefone, analisar perfis de candidatos on-line, dar conselhos e muito mais.

COMO ENCONTRAR SUA MENTORA

Essa lista de critérios lhe pareceu assustadora? Se pareceu, quero lhe dizer que eles são alcançáveis e um pouco flexíveis. Em primeiro lugar, pegue o seu caderno de telefones, sua coleção de cartões de visita, agenda eletrônica, lista de endereços para mandar cartões de Natal, e-mails ou qualquer outro recurso que utilize para entrar em contato com amigos e conhecidos. Dedique algum tempo para estudar essas listas. A Mentora ideal nem sempre é a primeira pessoa que lhe vem à mente. Seja metódica analisando todo mundo que conhece e ultrapasse as fronteiras do seu caderno de telefones. Como já disse, pode ser um Mentor ou uma Mentora, pode morar em qualquer lugar (mesmo em outra cidade). Pode ser alguém que você não vê há vários anos ou alguém com quem se encontrou recentemente. Pode pertencer à sua geração, ou mesmo à geração de seus avós. Que tal a mãe de uma colega de faculdade? Que tal uma irmã ou uma tia? Ou mesmo uma filha já adulta, uma sobrinha? Haveria uma Mentora no seu local de trabalho? Você tem contato com alguma corretora de imóveis ou alguma vizinha?

Após ter considerado todas as opções disponíveis, faça uma lista das finalistas. Use os oito critérios para avaliá-las. Se ninguém em sua lista tiver as oito qualidades, use o seu bom senso para decidir quem poderia apoiá-la da melhor maneira (mesmo que essa pessoa só preencha cinco critérios). Muitas vezes, uma mulher solteira pode ser uma boa opção porque vocês terão oportunidade de fazer apresentações uma para a outra. Conheci algumas mulheres em meus seminários que decidiram ser Mentoras umas das outras e acabaram conseguindo uma parceria que deu muito certo. Ou talvez você tenha uma amiga muito bem-casada que, embora não seja brilhante e esteja sempre ocupada com a própria vida, goste de você mais do que de qualquer outra pessoa e possa ser uma dedicada defensora do seu objetivo. Ainda que não seja perfeita, ela tem chances de ser uma boa Mentora. Faça a melhor escolha dentro do grupo de finalistas.

COMO PEDIR A ALGUÉM PARA SER SUA MENTORA

Após decidir quem gostaria de ter como sua Mentora, é importante pensar em como convidá-la para exercer essa função. A seriedade de seu tom de voz e de suas palavras será responsável pelo cenário que levará ao sucesso do relacionamento Mentora–Tutelada. Se for uma amiga íntima, mais um motivo para escolher bem suas palavras. É preciso mostrar que está fazendo um pedido sincero, que a procura por um marido é sua prioridade número um (mesmo que seu comportamento no passado indique o contrário) e que, caso ela aceite a incumbência, há um tempo de dedicação a ser respeitado.

Não diga: "Pois é, Jane, estou fazendo um tal *Programa* que tirei de um livro e está escrito que preciso de uma Mentora. Você topa?"

Diga: "Jane, recentemente tomei a decisão de encontrar um marido ainda este ano. Estou seguindo um *Programa* de 15 passos que tem tido enorme sucesso e requer que eu encontre uma Mentora para me apoiar. Pensei muito em quem poderia ser e concluí que, definitivamente, essa pessoa é você. Isso é muito importante para mim. Vou lhe contar um pouco mais sobre O *Programa* e, se você estiver disposta a ser minha Mentora, por favor, seja honesta em me dizer se pode dedicar duas horas por semana ao meu objetivo."

Durante a conversa, acrescente informações específicas sobre a sua situação. Lembre sempre que, se fizer o pedido expressando o quanto ele é importante, sua Mentora levará a sério o papel assumido.

Abra espaço para que sua Mentora em potencial sinta-se livre para dizer que não aceita a proposta. Uma Mentora relutante não será eficiente a longo prazo. Se uma pessoa não puder, ou não quiser, aceitar essa função, não se abale. Passe para a segunda candidata da lista. Não há tempo a perder.

OUTRAS IDÉIAS

Em qualquer relacionamento de negócios é importante manter uma dinâmica positiva e produtiva entre as pessoas envolvidas. Aqui estão três idéias para realizar com sucesso essa empreitada:

1. Esteja aberta aos conselhos: Ter alguém ao seu lado que lhe ofereça uma crítica honesta – e nem sempre favorável – é uma ajuda valiosa para alcançar seu objetivo. Se você não se mostrar receptiva aos comentários negativos, não deixará sua Mentora à vontade para lhe dizer a verdade e, assim, poder ajudá-la.

2. Não culpe sua Mentora: Certamente haverá ocasiões em que os conselhos de sua Mentora resultarão em fracasso. Entenda que eles foram dados com a intenção de acertar e que ela não tem todas as respostas (ninguém tem, nem eu!). O mais importante é que você continue a dar valor ao tempo e ao apoio que ela lhe dedica.

3. Termine uma situação desfavorável: Nem todas as Mentoras são boas. É um trabalho difícil que nem todo mundo é capaz de fazer bem, por inúmeras razões. Se sua Mentora não a estiver ajudando (não dedicar tempo suficiente a você, der *repetidos* maus conselhos ou simplesmente não a ajudar a progredir), então é melhor encontrar uma nova. Sugiro deixar a antiga meio de lado: não é preciso "despedi-la" formalmente, o que por certo criaria um mal-estar. Passe a ligar para ela com menos freqüência e comece a depositar sua confiança em sua nova Mentora.

AGRADECIMENTOS

É preciso agradecer a sua Mentora com freqüência, pois ela está lhe fazendo um enorme favor. Use os cartões de agradecimento que comprou antes de começar *O Programa*. Escreva mensagens sinceras e afetuosas sempre que sua Mentora tiver conseguido ajudá-la de alguma maneira especialmente eficaz. De vez em quando, dê pequenos presentes, como um livro sobre algum assunto pelo qual ela se interesse ou um CD. Algumas de minhas clientes convidaram suas Mentoras para madrinhas de casamento.

A troca de informações é uma outra forma de demonstrar apreço. Mantenha sua Mentora informada de seus sucessos (e fracassos). Assim como numa empresa, as pessoas se sentem insignificantes quando são as últimas a saber das coisas. E-mails curtos ou um recado na secretária eletrônica contando as novidades vão cultivar o apoio de sua Mentora.

PASSO 3

EMBALAGEM

Invista em sua melhor aparência

O QUE APRENDI NA HARVARD BUSINESS SCHOOL

Muitas vezes, a embalagem é uma estratégia de marketing subvalorizada. Entretanto, ela pode ser mais importante do que o próprio produto. No momento da compra, geralmente a aparência externa do produto é o que primeiro chama a atenção e não o que está dentro da caixa. Isso significa que a embalagem é tão importante quanto qualquer outro elemento do processo de marketing. E nos leva a concluir que, se você não tem dinheiro suficiente em seu orçamento para investir em todas as áreas desse processo, deve priorizar o investimento na embalagem. Levando-se em consideração todos os produtos concorrentes que estão nas prateleiras, a sua embalagem deve chamar a atenção e ser bastante atraente para impelir o consumidor a escolhê-la.

O QUE É EMBALAGEM?

Embalagem é simplesmente a sua aparência exterior. Gostaria de dizer que o que realmente importa é o seu eu interior – e, a longo prazo, é o que realmente será importante –, mas a verdade é que a sua aparência faz toda a diferença para se fazer notar *no início*. A boa notícia é que você não precisa ser linda nem ter um corpo perfeito para atrair os homens, mas tem a obrigação de ter a *melhor aparência possível*. Primeiro, é preciso chamar a atenção para que os homens queiram conhecê-la melhor. Parecer feminina e agir com feminilidade também são parte dessa equação. Lembre-se: "A primeira impressão só pode ser causada uma única vez." Gostaria que o mundo não fosse tão superficial, mas nós não ditamos as regras, apenas nos guiamos por elas. Aqui estão algumas de minhas estratégias comprovadas para ajudá-la a avaliar sua aparência atual e modificá-la.

PESQUISA DE MERCADO: PEÇA OPINIÕES SINCERAS

Para melhorar sua aparência, o primeiro passo é fazer uma pesquisa e descobrir como você é vista pelas outras pessoas. Sinto muito, mas você precisa da verdade nua e crua. Esse não é o momento para se ofender. Você está correndo em direção ao seu objetivo e precisa de eficiência. A última coisa que deseja é perder tempo aplicando um excelente plano de marketing num produto cuja embalagem impede a venda logo de início.

Selecione seis pessoas (três mulheres e três homens) para participar da pesquisa. Eles devem dizer, individualmente, o que vêem de errado em você. As pessoas costumam ser educadas ou medrosas demais para falar o que realmente pensam, por isso você terá de analisar quem tem maior potencial de sinceridade. Esse grupo não precisa ser formado por parentes ou amigos íntimos: podem ser pessoas que você mal conhece ou que nem gostem muito de você. Sua Mentora pode ser uma dessas seis pessoas. Um ex-namorado também serve, embora possa ser mais difícil e constrangedor conseguir a opinião dele. Você pode conversar também com um bom cabeleireiro ou com uma vendedora de uma loja badalada, uma vez que estranhos tendem a ser mais sinceros. Com seis pessoas diferentes, cada uma delas entrevistada separadamente, você terá um amplo leque de informações sobre sua aparência.

Não caia na armadilha de achar que você já sabe o que precisa fazer para mudar seu visual. Isso é um problema comum. Muitas mulheres, quando perguntadas sobre o que fariam para ficar mais bonitas, apontam questões que refletem as suas próprias insatisfações e não o que as outras pessoas (principalmente os homens) percebem. Por exemplo, você pode dizer: "Minhas coxas são muito grossas", "Preciso perder 10 quilos" ou "Meus seios são pequenos demais". Na maioria das vezes, não é isso o que os outros acham. O que você precisa é da opinião objetiva de fontes externas para entender como as pessoas realmente a enxergam.

COMO PEDIR OPINIÕES SINCERAS

Para arrancar a verdade sobre um assunto tão delicado – a sua aparência –, é preciso fazer com que as pessoas se sintam seguras de que não vai ficar chateada com a honestidade delas e que a verdade é de vital importância para você. Adote uma postura que demonstre que está pronta para ouvir o que quer que seja. Sem braços cruzados, sem balançar as pernas, sem parecer nervosa quando fizer perguntas. Siga essas três regras simples para conduzir uma pesquisa de mercado que seja válida:

1. Não combine duas perguntas numa só ("O que você acha do meu cabelo e da minha maquiagem?"). Pergunte sobre cada aspecto separadamente.
2. Não faça perguntas que conduzam a determinada resposta ("Você concorda que meu cabelo está curto demais?"). Prefira perguntas abertas ("O que você acha do meu cabelo?").

3. Elimine perguntas irrelevantes ("Sou alta demais?"). Só pergunte sobre aquilo que é possível mudar.

Aqui está um roteiro que pode ajudá-la quando questionar, olho no olho, a primeira pessoa de seu grupo de pesquisa. Vamos chamá-lo de "João".

Você: João, eu o considero honesto e perspicaz e prezo muito a sua opinião. Por isso, espero que não se importe se eu lhe fizer uma pergunta pessoal. Estou procurando alguém especial com quem gostaria de casar e tenho pensado em fazer algumas mudanças na minha aparência. Mas, antes disso, resolvi ouvir algumas pessoas. Isso é *muito* importante para mim e preciso que suas opiniões sejam sinceras. Posso lhe fazer algumas perguntas?

João: É claro que pode... *(Talvez um pouco indeciso.)* Vou tentar ajudá-la, mas acho que você está muito bem.

Você: Então, por favor, seja extremamente honesto comigo. Juro que não vou me sentir ofendida! Se minhas roupas ou minha postura forem horrorosas, você *tem* de me dizer, entendeu? Então, minha primeira pergunta é sobre o meu cabelo: O que você acha que eu poderia fazer para torná-lo mais atraente para os homens?

[Observação: *Comece com um aspecto da sua aparência, como o cabelo, para deixar o entrevistado mais à vontade. Tente escolher aquilo que você considera o seu ponto forte, dando a ele algo positivo para dizer no início. Assim, ele vai se sentir mais tranqüilo para, mais tarde, citar os seus pontos negativos. Peça também conselhos concretos ("O que eu poderia fazer para tornar meu cabelo mais atraente?") em vez de induzi-lo a um elogio ("O que você acha do meu cabelo?"). Use um sujeito neutro ("os homens") para que ele se sinta tranqüilo o bastante para dar uma opinião que não seja dele próprio, mas dos "homens" em geral.*]

João: Bem, seu cabelo é muito bonito! Hum... talvez pudesse ser um pouco mais comprido.

Você: Ótima sugestão! Eu estava mesmo pensando em deixar o cabelo crescer um pouquinho. Que tamanho você acha que seria ideal?

[Observação: *Você está dando um reforço positivo ao comentário, fazendo com que seu entrevistado se considere um observador perspicaz. Também está demonstrando que não fica chateada com as críticas, o que o estimula a ser honesto. E honestidade é o que você deve querer: assim poderá mudar para melhor.*]

Você: E as minhas roupas? Vou fazer compras neste fim de semana e não tenho certeza do estilo que fica melhor em mim. O que você acha?

[Observação: *Você está fazendo uma pergunta aberta para não induzir as respostas, evitando perguntas do tipo: "Você acha que eu fico bem de minissaia?"*]

João: Bem... eu não sei muita coisa sobre roupas. Sou um cara comum.

Você: Mas você provavelmente sabe do que gosta ou não quando vê uma mulher passando. Que tal me dizer o estilo que preferiria ver em mim? Ou algumas cores que eu deveria usar? Quem sabe você se lembra de alguma coisa que já usei e de que gostou? Ou, principalmente, de que você *não* gostou?

[Observação: *Ofereça algumas sugestões indiretas caso ele tenha dificuldades em dar opiniões.*]

João: Eu lembro que você estava linda na festa da Joana, na semana passada.

Você: Ah, já sei. Usei calça jeans e meu suéter azul-claro. Muita gente me elogiou naquela noite. Obrigada por me lembrar. Vou usar aquela roupa mais vezes. O que mais você acha importante que eu mude? O que acha que os outros homens observam quando olham para mim?

[Observação: *Continue a fornecer estímulos positivos e a facilitar as críticas, usando sempre um sujeito neutro: "O que os outros homens observam?" Mantenha um tom alegre para que ele tenha certeza de que não está ofendendo você – mesmo que esteja!*]

Siga em frente perguntando sobre a sua aparência geral e a impressão que você causa nas pessoas, chegando a todo e qualquer detalhe que achar necessário. Outras questões podem incluir:

- Maquiagem
- Perfume
- Jóias e bijuterias
- Óculos
- Hálito
- Postura
- Comportamento
- Tiques nervosos
- Linguagem corporal
- Estilo de conversa
- Volume de voz
- Velocidade da fala
- Repetição de palavras
- Timidez
- Comentários defensivos
- Risada
- Capacidade de ouvir com atenção

Esses itens são componentes importantes de sua aparência, ainda que você não tenha consciência disso. Mesmo que esteja maravilhosa, com uma bela maquiagem e usando uma roupa da última moda, pode afugentar os pretendentes se não parar de jogar o cabelo de um lado para o outro, caminhar com os ombros caídos, der risadas estridentes ou colocar perfume em excesso. Seu modo de falar também pode ser um problema: você monopoliza a conversa, gosta de contar vantagens, é uma sabe-tudo, interrompe as pessoas, gosta de mostrar que é melhor do que os outros ou adora uma discussão? É preciso observar se você está sempre na defensiva ou se tem algum vício de linguagem e repete a mesma palavra a todo instante. Será que você é tímida e essa característica é mal interpretada pelas outras pessoas? Talvez pareça arredia, arrogante ou indiferente. Talvez você se comporte de maneira diferente quando está com um namorado e quando está com um grupo de amigos. É preciso saber qual a percepção dos outros sobre sua postura nas duas situações.

Durante essa fase da pesquisa, faça uma investigação profunda. A capacidade de ouvir com atenção é um fator de grande importância não apenas durante a pesquisa, mas também num encontro. Essa habilidade – ou a falta dela – pode ser determinante para um homem gostar ou não de você. O que é ser uma boa ouvinte? Mostre que você está prestando atenção na conversa olhando o outro nos olhos, inclinando o corpo para a frente, balançando a cabeça, sorrindo, acrescentando algo a uma idéia, pedindo exemplos, perguntando para saber mais detalhes – se lhe parecer apropriado –, mostrando concentração e chamando a pessoa pelo nome.

Depois de ter questionado os outros participantes de seu grupo de pesquisa, discuta o resultado com sua Mentora para determinar o que deve ser melhorado e o que você pode ignorar ou deixar para mais tarde. Comece as mudanças já e faça um planejamento, determinando quando cada uma delas deverá ter sido efetuada.

E SE VOCÊ NÃO CONSEGUIR CRÍTICAS QUE POSSAM AJUDÁ-LA?

Conseguir que as pessoas façam críticas honestas é muito difícil. Mesmo que consiga convencer seis pessoas de que não vai odiá-las depois, elas costumam relutar. Isso talvez se deva ao fato de que elas simplesmente não conseguem exprimir-se sobre um assunto controverso. Ou talvez você as tenha pego de surpresa. Quem sabe elas não se sentiriam mais à vontade se tivessem um tempo para refletir sobre essas questões e sobre como expressar opiniões de uma forma mais amena? Assim, ficariam mais tranqüilas para oferecer sugestões.

Se você se encontrar numa situação em que não está conseguindo bons resultados, tente outras abordagens. Faça perguntas que facilitem a resposta em vez de questões abertas. É melhor que não conseguir nada. Por exemplo, se você perguntou sobre sua habilidade como ouvinte e não conseguiu uma resposta útil, pode optar por: "Numa escala de 1 a 10, como você classificaria minha habilidade como ouvinte? 'Dez' seria excelente e '1', ruim."

Se esse método também não funcionar (por exemplo, se a pessoa não conseguir determinar um número, ou se escolher um número na média e não explicar por quê), dê-lhe um tempo para pensar e diga que vai perguntar de novo dali a alguns dias. Fale com ela pelo telefone, para evitar a crítica olho no olho. Esse período de reflexão pode fazer toda a diferença, pois algumas vezes seu entrevistado pode querer discutir a questão com um amigo ou cônjuge.

Recentemente, um homem me contou que uma moça o havia questionado sobre esses aspectos e que ele queria muito ajudá-la, mas não sabia como tocar em determinado assunto sem ferir os sentimentos dela. Decidiu conversar com a esposa, que lhe ensinou como seria possível dar uma opinião honesta e, ao mesmo tempo, gentil. Mais tarde, ele informou à moça algo que ela nunca havia notado: os outros a achavam insegura. Ela fazia constantes comentários negativos sobre a própria aparência e vivia perguntando se achavam que ela havia agido certo em toda e qualquer situação. Depois de ouvir isso, ela fez um esforço consciente para guardar para si mesma as dúvidas sobre a própria aparência e parar de perguntar a todo mundo sobre as decisões que tomava.

O ÍNDICE DOW JANE: VERIFIQUE OS PONTOS BÁSICOS

Além das informações individuais que você vai conseguir do seu grupo de pesquisa, acho que vale a pena rever minhas orientações gerais, às quais denominei "Índice Dow Jane". No mundo dos negócios, o Índice Dow Jones nos mostra como andam as coisas no mercado de ações da Bolsa de Valores de Nova York. *Índice Dow Jane* é um termo que eu uso para ajudar minhas clientes a avaliar como vão as coisas com sua aparência. Como não posso enxergar você através das páginas deste livro, selecionei os meus melhores comentários para mulheres acima dos 35 anos. Eles podem não ser todos válidos no seu caso, por isso concentre-se naqueles que tenham mais a ver com você.

Roupas

- Suas roupas são justas demais ou largas demais? O ideal é que sejam na medida certa.
- Suas roupas são muito sensuais? Você deve se parecer com uma futura esposa, e não como uma mulher para se passar uma única noite.
- Suas roupas são tão conservadoras que a fazem parecer uma tia solteirona? É importante modernizar o guarda-roupa.
- Suas roupas são do tipo "cheguei"? Cores berrantes e estampas exageradas raramente ficam bem nas mulheres. E, por favor, cuidado com bordados em camisetas ou pulôveres (costumam ser muito "fofinhos" ou cafonas). Prefira cores bem combinadas ou estampas pequenas e sem muitos detalhes.
- Você está sempre na última moda? Em geral, as novidades da estação não caem bem em qualquer tipo de corpo, mesmo que sejam caras e estejam nas vitrines das melhores lojas. Cuidado com as roupas que arrancam elogios *só das mulheres!*
- Você usa roupa toda preta? Calça preta ou uma saia preta são ótimas opções, mas use outra cor na parte de cima. Se você usar preto total, vai passar despercebida. Além disso, o preto é uma cor séria, não é à toa que é a preferida nos enterros. Sua aparência deve ser mais "pra cima".
- Suas roupas a deixam com aparência de mulher de negócios? Evite uma imagem masculinizada, dura e distante.
- Você usa sutiã que levanta os seios? *Nunca* deixe de usá-lo. Depois dos 35 é uma ajuda imprescindível.

Hoje em dia existem pessoas especializadas em ajudar mulheres e homens a se vestirem bem. Você pode utilizar esse serviço e seguir apenas as idéias gerais, comprando roupas similares às indicadas, em lojas mais baratas, caso os preços sejam muito altos. Deixe bem claro que você deseja descobrir os estilos que lhe caem melhor e não os que estão na última moda.

Não imagine que você tenha de andar bem-arrumada o tempo todo, mas também não precisa usar calça de moletom furada ou aquela sua roupa mais velha e bem solta. Como minha avó costumava dizer: "Não existe mulher feia, só mulher preguiçosa!" Você nunca sabe onde está seu Príncipe Encantado, por isso não se deixe surpreender com um aspecto desleixado quando, de repente, encontrá-lo na feira ou no supermercado.

Comprimento dos cabelos

Qual o comprimento do seu cabelo? Muitos homens preferem cabelos compridos. Não estou inventando: 90% dos homens que consultei até hoje afirmaram isso. Entretanto, grande parte das solteiras com mais de 35 anos usa cabelos curtos. As mulheres costumam receber muitos elogios das *outras mulheres* sobre o "corte de cabelo tão moderno", igual ao da novela das oito. Mas isso não quer dizer que ele atraia os homens. A "última moda" nem sempre é elegante. É apenas a última novidade. Por isso, tente deixar seus cabelos mais compridos. Mas não até a cintura! Cabelos cortados em camadas ou na altura dos ombros costumam ser mais femininos e sensuais. Pergunte aos homens.

É claro que cada mulher tem um rosto diferente e algumas delas não ficam bem com cabelos mais compridos. Se você estiver nesse grupo, tente criar uma aparência suave com cabelos curtos. Faça escolhas que combinem com você. Além do seu grupo de pesquisa, peça a opinião de pelo menos dois bons cabeleireiros.

Cor dos cabelos

Pense bastante sobre a cor dos seus cabelos. Talvez você esteja tão acostumada com ela (seja natural ou não) que nem se dê conta de que está na hora de mudá-la.

- A cor de seus cabelos complementa o seu tom de pele? A cor da pele muda com o passar do tempo, por isso verifique se a cor dos seus cabelos complementa o seu tom de pele atual.
- É uma cor muito forte? Muitas mulheres, principalmente as que querem ser louras, escolhem tons tão horrorosos que chegam a assustar.
- Você tinge os cabelos de vermelho? Se tingir, tenha cuidado. Alguns tons de vermelho dão uma aparência extremamente falsa. E nunca pinte as sobrancelhas do mesmo tom do cabelo. Não é apenas cafona, mas o fato de ter a cor vermelha perto dos olhos dá a eles um ar cansado. Em geral, um castanho-escuro fica melhor nas sobrancelhas de quem usa cabelos vermelho-escuros; um castanho-claro, nas mulheres que preferem cabelos vermelho-claros.
- Sua cor de cabelo parece natural? Se você tinge os cabelos, tenha o cuidado de selecionar a cor mais natural possível e não confie na sua própria opinião. Pergunte aos seus seis entrevistados quando fizer a pesquisa de mercado e, como já disse, consulte dois cabeleireiros.
- Você tinge os cabelos brancos? Provavelmente, deveria fazê-lo. Se não os tinge, que efeito eles dão à idade que você aparenta? Vejo muitas mulheres com o rosto ainda jovem e cabelos grisalhos. Em geral, elas se sentem orgulhosas por serem "naturais". Mas isso as faz parecer mais velhas do que são e pode limitar o número de homens que poderiam atrair. Depois de casada, você vai ter tempo de sobra para ter uma aparência "distinta".

Textura do cabelo

Não use fixadores, laquês ou musses em excesso. Os homens gostam de tocar em cabelos macios e não em mechas de papelão.

Maquiagem

1. **Aplicação:** Isso costuma ser um desafio para a grande maioria das mulheres. É difícil fazer a própria maquiagem e mais difícil ainda ter o tempo necessário para dedicar-se a essa tarefa. Costumo recomendar (caso esteja dentro da sua dotação orçamentária) a utilização de maquiadores profissionais sempre que a situação for especial (um primeiro encontro importante ou grandes festas). Lembre-se de avisar que você não gosta de exageros, mas prefere uma aparência natural, que acentue seus pontos mais positivos.

2. **Item indispensável:** Um item que toda mulher acima dos 35 anos não pode dispensar é um pequeno espelho de aumento, de preferência um que aumente sete vezes a sua imagem. É uma ferramenta essencial para enxergar e corrigir erros de maquiagem e descobrir aqueles minúsculos fios de cabelo que precisam ser retirados do rosto.

3. **Produtos:** Se você não é perita em maquiagem, deixe-me lembrá-la do óbvio. As cores selecionadas devem estar de acordo com o seu tom de pele, e qualquer consultora de beleza pode ajudá-la a esse respeito. Os homens não gostam de mulheres muito maquiadas, por isso não exagere. Excesso de maquiagem, principalmente de base, faz a mulher parecer mais velha. Uma aparência natural é sempre mais atraente.

4. **Erros:** Os erros mais freqüentes que vejo nessa área são:
   - Não acentuar os olhos.
   - Não usar o batom certo para o tom de pele.

- Usar excesso de base, que fica parecendo uma camada de glacê.
- Usar delineador que borra.
- Usar rímel que separa os cílios em pequeninos tufos de cabelo.

Para evitar esses erros, um investimento inteligente e lucrativo de seu orçamento é fazer uma pesquisa sobre as diversas marcas disponíveis no mercado, fazendo perguntas nas lojas de cosméticos, levantando quais são os produtos mais adequados à sua pele, verificando os preços e comprando o que fica bem em você.

5. Formato das sobrancelhas: Enquanto estiver focada nos aspectos de seu rosto, aproveite para analisar o formato de suas sobrancelhas. É relativamente simples e barato depilá-las com um profissional. Isso moderniza o seu rosto, deixando-a com uma expressão mais luminosa e alegre. Não deixe as sobrancelhas finas demais, pois elas demoram a nascer outra vez. Além disso, sobrancelhas mais grossas (quando bem cuidadas) são mais sensuais.

Unhas

As unhas devem sempre causar boa impressão, mas não as deixe com jeito de obras de arte. Você não quer dar a impressão de ser uma dondoca. As unhas devem ser limpas e relativamente curtas. Se elas fazem barulho quando você aperta as teclas do telefone, estão compridas demais. Unhas muito compridas podem parecer garras aos olhos dos homens. Evite as postiças, pois você não vai querer que quebrem acidentalmente quando um homem tentar segurar suas mãos. Use uma cor discreta. Por favor, evite tons escandalosos. Acredito que o mais clássico é pintar a unha com um esmalte claro, uma misturinha branca ou areia, mas essa é uma escolha pessoal. Se não tiver tempo para fazer as unhas todas as semanas, mantenha-as naturais, sem esmalte. Unhas com esmalte faltando pedaços não ajudam a formar uma imagem atraente.

As unhas dos pés também precisam de cuidados: devem ser curtas e limpas. Pinte-as com um esmalte bem claro, se tiver tempo para mantê-las assim. Os pés podem ser uma parte bem visível do corpo, principalmente durante o verão, quando as sandálias abertas ficam em alta. Além disso, seus pés devem ser macios e delicados ao toque. Aplique cremes hidratantes todas as noites e vá à manicure sempre que seu orçamento permitir. Se tiver problemas nos pés, consulte um calista ou um dermatologista. Mais tarde, quando estiver namorando, nunca se sabe quando você vai receber a oferta de uma massagem nos pés. E você não vai querer fazer feio...

Peso

Conheço pouquíssimas mulheres que consideram o próprio corpo perfeito. Conheço ainda menos mulheres que estejam satisfeitas com seu peso e que não desejem perder alguns quilinhos. Quero deixar claro que O *Programa* não é apenas para mulheres magras e de corpo escultural. Na verdade, acredito que uma mulher com excesso de peso que esteja verdadeiramente comprometida com O *Programa* vai se casar mais depressa do que uma esguia que não se dedique com o mesmo afinco.

Se você precisa perder apenas de 5 a 10 quilos, ou ainda menos, para ser considerada dentro da variação de peso ideal para a sua altura, não se preocupe. Não faça nada: muitos homens sequer notam o que você está enxergando. Gaste seu tempo e energia nos passos do *Programa* e não fazendo dieta. No ano passado perdi nove quilos e sabe o que aprendi? Somente as mulheres perceberam (e nem tantas). Nenhum homem notou, nem meu marido! No início, achei que as pessoas viam mas não comentavam e, então, decidi perguntar diretamente: "Você está notando alguma coisa diferente em mim?" A resposta mais freqüente foi: "Você parece mais feliz." E eu *estava* – ora, se eu soubesse que era só uma questão de atitude, poderia ter devorado mais sobremesas!

E as mulheres que estão 12, 25 ou 50 quilos acima do peso ideal? O melhor é emagrecer. E fazer um verdadeiro esforço. Entretanto, se você já fez todas as dietas que apareceram na sua frente e não conseguiu nada, não pense que está condenada a ficar solteira. O problema é que a depressão e as atitudes negativas costumam dominar as mulheres que estão muito acima do peso. Elas se sentem mal quanto ao próprio corpo, ficam desanimadas e desencorajam-se facilmente quando não são correspondidas em seu interesse pelos homens. Meu conselho é: *Perca o negativismo e não os quilos.*

É difícil falar sobre peso para um público numeroso, uma vez que as circunstâncias variam caso a caso. Começar a fazer dieta e a se exercitar são sempre ótimas idéias, se você estiver pronta para isso. E ainda abre as portas de um novo e vasto mundo de solteiros – na academia de ginástica, no consultório do nutricionista ou do endocrinologista, nas reuniões do Vigilantes do Peso. Entretanto, se você já viveu essa experiência, então concentre suas energias apenas no *Programa* e trabalhe nele com mais afinco ainda. Acredito que se concentrar no *Programa* com uma atitude positiva tem o mesmo efeito que perder 25 quilos. Como você certamente já deve ter observado por aí, mulheres acima do peso arranjam marido, sim! Não há nenhuma razão para que você não seja uma delas.

Acredite, existe alguém em algum lugar esperando por você e não é preciso obrigatoriamente emagrecer para encontrá-lo. Em vez disso, concentre-se em se sentir saudável, o que já vai aumentar sua disposição. Optar por comidas saudáveis, ainda que ricas em calorias, e sair de casa para fazer algum tipo de exercício (uma simples caminhada de 30 minutos todos os dias) farão você se sentir melhor consigo mesma. Além disso, quem sabe, talvez você encontre um grande sujeito enquanto estiver caminhando. Ele também pode estar tentando perder peso e ganhar saúde!

O problema mais comum observado nas mulheres gordinhas é o fato de usarem o peso como *desculpa*: "Sou solteira porque sou gorda", "Vou começar a namorar depois que emagrecer" ou "Os homens não se interessam por mulheres do meu tamanho, então, de que adianta eu me preocupar?". Chega de desculpas. Vou ser bastante honesta com você: as mulheres gordas provavelmente serão mais rejeitadas do que as magras. Mesmo assim, jamais desista. O homem que será seu marido está por aí e você só precisa encontrá-lo.

Por outro lado, o peso pode ser um problema para mulheres muito magras. Embora seja um problema menos freqüente, vale a pena discuti-lo, pois muitos homens consideram o "visual anoréxico" muito pouco desejável. Se você acha que pertence a essa categoria, quando fizer sua pesquisa de mercado, procure saber se é vista como excessivamente magra. Talvez precise engordar 4 ou 5 quilos para ter uma aparência mais saudável. Muitos homens preferem mulheres com 5 quilos de sobra do que as muito magras.

O ponto principal é que nenhum corpo é o ideal, nem o dos homens. Eles podem ser barrigudos, carecas e muito mais. Você deve fazer o que puder para ter a melhor aparência possível, mas não use o peso como desculpa para adiar sua busca por um marido.

Problemas específicos

Todos nós temos defeitos. Pode ser um nariz grande, quadris largos, dentes tortos, má postura. Talvez você tenha feito mastectomia depois de um câncer de mama. Seja qual for o seu problema, meu conselho é simples: tente consertá-lo e, se não for possível, disfarce-o da melhor maneira que puder. Lembre-se, a embalagem é importante. Um conserto pode envolver exercícios, clareamento dos dentes ou, em casos extremos, cirurgia plástica ou reconstrutora. Nada disso é fácil ou barato. *Mas é disso que este passo trata: invista em sua aparência.* Faça tudo o que estiver ao seu alcance para resolver esses problemas e, se não for possível, consulte uma amiga habilidosa ou um profissional para ajudá-la a enfatizar suas características mais positivas e disfarçar ou diminuir a importância de um problema específico. Por exemplo, se você tiver quadris grandes, experimente usar blusas mais compridas sobre uma saia. Se tiver papada, use um lenço ou cachecol no pescoço para disfarçar, ou uma blusa decotada, atraindo os olhares para outras partes do seu corpo.

Seja lá o que fizer, *não* interrompa O *Programa* enquanto estiver cuidando dessas áreas. Você nunca será perfeita e, se disser a si mesma, "Vou começar os próximos passos quando resolver o problema", nunca vai seguir em frente. Haverá sempre algo mais para ser usado como desculpa.

A FEMINILIDADE VENCE

Parte da avaliação de sua aparência e de como é vista pelos homens requer uma pesquisa sincera sobre se você *aparenta* ser feminina e *se comporta* com feminilidade. Sou uma entusiasta da feminilidade. Sei que isso é ultrapassado e que muitas mulheres discordam com veemência dessa idéia, mas comprovo a todo instante que os homens sentem-se mais atraídos por mulheres de saia do que de calça comprida. Falo isso no sentido literal e também no figurado. Acredito que a *maioria* dos homens procura mulheres que transpiram qualidades femininas. É claro que há exceções – como em tudo na vida –, mas neste *Programa* você está tomando atitudes para melhorar suas chances.

Agora, por favor, não sinta ânsias de me esganar, mas a imagem feminina que os homens afirmam preferir é a da mulher de cabelos longos, saia com caimento leve, tecidos delicados e decotes ligeiramente reveladores, jóias discretas e unhas dos pés e das mãos bem-cuidadas. Eles confessam preferir mulheres que projetem uma imagem feminina, não apenas na aparência, mas no comportamento adotado nos primeiros encontros.

Isso não quer dizer que eles estão atrás de uma boneca Barbie, mas de uma mulher graciosa e que seja uma boa ouvinte. Os homens preferem tomar a iniciativa (eles telefonam, mandam e-mails, reservam mesas no restaurante, vão buscá-la, pagam a conta...). Esse antigo estereótipo, que os homens tanto apreciam, não morreu. As mulheres de hoje adoram voltar-se contra as regras antigas, mas nessa área específica acho que elas são válidas: ser a caça e não a caçadora é muito mais eficaz quando se trata de capturar o interesse de um homem.

Inúmeras mulheres já me disseram que se sentem afrontadas por essa definição de feminilidade, porém muitas admitem que, apesar de não gostarem, ela provavelmente é verdadeira. Para ter sucesso no *Programa* não é preciso emanar uma aura de feminilidade. Só estou dizendo que ajuda. E *muito*.

QUEBRE A REGRA DA FEMINILIDADE PELO MENOS UMA VEZ

Embora eu acredite que os homens gostem de ser os caçadores, vou abrir uma pequenina exceção aqui, quebrando a regra da feminilidade só uma vez para as mulheres de mais de 35 anos. Como agora há menos candidatos disponíveis ao seu redor, acho que não tem problema se você der um pequeno e discreto passo inicial para entrar em contato com um homem com quem gostaria de sair mas que ainda não demonstrou interesse por você. A realidade da vida amorosa após os 35 anos é como uma típica situação de oferta e procura no mundo dos negócios. Quando a oferta (homens solteiros) é menor que a demanda (mulheres solteiras querendo encontrar homens solteiros), é necessário lançar mão de uma postura um pouco menos "feminina" – um comportamento mais assertivo – para conseguir o que se deseja. Digo "um pouco" porque não quero que você exagere e comece a tomar a dianteira com precipitação. Já vi incontáveis relacionamentos que começaram dessa maneira não darem certo. O que estou defendendo é um único gesto uma única vez (com cada homem). Vou demonstrar o que quero dizer com o exemplo de minha amiga Lynne, de 51 anos. Veja o que aconteceu depois que ela desobedeceu a lei da feminilidade apenas uma vez:

> Numa festa, conheci um homem chamado Ward, por quem me senti muito atraída. Conversamos por cerca de 15 minutos. Ele estava ali com um conhecido do meu trabalho e que nos apresentou. Mas Ward não pediu o número do meu telefone nem mencionou que gostaria de me ver outra vez. Eu nem sabia se ele era solteiro, mas percebi que não usava aliança.
>
> Duas semanas após a festa, eu ainda estava pensando nele, sabendo que, provavelmente, jamais o veria de novo. A não ser que eu mesma tentasse entrar em contato. Decidi telefonar para o conhecido do trabalho e, assim que ele me disse que Ward não era casado, convidei os dois para jantar em minha casa. Pedi a ele que convidasse o amigo em meu nome. Se eles pudessem vir, eu chamaria mais pessoas para não ficar tão óbvio que se tratava de uma trama para revê-lo. Felizmente, ambos aceitaram o convite. Consegui cooptar mais quatro convidados, e Ward e eu tivemos a chance de conversar por várias horas. Eu sabia que havia utilizado minha única chance de "quebrar a regra da feminilidade" quando fiz esse convite, por isso, se Ward não me telefonasse depois, seria melhor esquecê-lo.

A estratégia de Lynne deu certo. Ward telefonou para ela após o jantar, e o namoro já dura dois meses. Mas é claro que também conheço vários casos em que as mulheres deram o primeiro passo e os homens não corresponderam. Pode dar certo e pode dar errado. O importante é não desobedecer a regra de feminilidade mais de uma vez. Um homem sabe que você está interessada nele após a primeira tentativa. Se ele não for receptivo, considere-se uma mulher de sorte por não perder mais tempo e poder seguir em frente.

Muitos homens experimentam uma repentina popularidade depois dos 35 anos, pois passam a constituir um produto escasso no mercado e começam a esperar por isso. Eles se acostumam a ser perseguidos de maneira agressiva pelas mulheres que acreditam não haver bons homens sobrando. No mês passado fui a um jantar com um grupo de pessoas. Um homem solteiro, de 50 anos, que estava sentado à mesa, contou-me que havia saído recentemente com duas mulheres de pouco mais de 40 anos. Ele gostou de ambos os encontros, mas perdeu o interesse quando elas começaram a telefonar e a enviar e-mails a todo instante, depois de terem saído apenas uma ou duas vezes. Ele sabia que, na idade em que estavam, elas certamente queriam encontrar um marido e ter um filho o mais rápido possível. Sentindo-se pressionado, ele se retraiu. As mulheres às vezes perdem o controle quando encontram um "bom alvo" e reagem assumindo o papel de caçadoras. Mas todas nós já vimos muitas e muitas vezes que os homens geralmente se interessam por aquilo que não podem ter. Seja você a inatingível. Destaque-se fazendo o inesperado: deixe que ele corra atrás de você (depois de ter utilizado a sua única chance de desobedecer a regra da feminilidade, caso seja necessário).

Consistência

Consistência é algo importante. Se você parece feminina, age como tal com os homens, mas outros detalhes de sua vida não são compatíveis com essa imagem, sua aura de feminilidade não será eficaz. Por exemplo, como é a mensagem que você deixa em sua secretária eletrônica? Já ouvi muitas mensagens de mulheres que anunciam: "Você já sabe o que fazer quando ouvir o sinal", ou algo assim. Isso soa hostil, não é nem um pouco convidativo. O tom de voz é desestimulante e não projeta uma imagem calorosa. Ligue para a sua própria casa hoje (também para o celular e o trabalho) e preste atenção à sua mensagem e tom de voz. Peça a sua Mentora para fazer o mesmo e mudem o que acharem necessário. Falaremos mais sobre "consistência de marca" no Passo 6, Propaganda.

Mulheres de negócios

Um dos problemas mais comuns que vejo é o da mulher de negócios acima de 35 anos que projeta uma aura masculina. Ela usa cabelos curtos, tailleur, e carrega uma indefectível pasta de couro. É agressiva no trabalho e está acostumada a controlar também sua vida pessoal. Embora alguns homens se sintam atraídos por essa imagem, acredito que não sejam muitos. Quando alguma de minhas clientes se encaixa nesse modelo, vou logo dizendo que ela projeta uma imagem masculina demais. Para minha grande surpresa, poucas delas ouviram isso antes. Talvez soubessem que eram "audaciosas", "assertivas" ou "intimidadoras", mas nunca viram a si mesmas como "masculinas". Em geral, parecer mais feminina não é difícil para uma mulher de negócios: é só deixar o cabelo crescer um pouco, comprar óculos de grau mais sensuais (e de sol também), usar roupas mais femininas (evitando conjuntos de saia e casaco com ombreiras) e trocando a pasta preta por uma outra, menos austera, de preferência uma bolsa colorida.

Renée, uma mulher de negócios, procurou-me com esse interessante dilema:

> Vou sair pela segunda vez com um homem de quem realmente gostei. Não consigo decidir que roupa usar. No primeiro encontro usei um lindo vestido preto, mas estou tão nervosa sobre o pró-

> ximo que preciso de uma roupa que me deixe confiante. Estou pensando em escolher um caríssimo conjunto preto e branco de saia e casaco. É maravilhoso! Toda vez que vou com ele ao escritório tenho a sensação de que sou capaz de conquistar o mundo. Só uso essa roupa quando vou apresentar algum projeto importante, porque me sinto segura. O que você acha?

Respondi que ela devia deixar aquela roupa pendurada no armário! Não se usa um conjunto poderoso num encontro, não importa o quanto ele a deixe confiante. Renée estava raciocinando como uma mulher em busca de uma promoção, e não de um marido. Ajudei-a a escolher um vestido que a fizesse parecer meiga e feminina. Mais tarde, ela me contou que, tão logo abriu a porta, o namorado sorriu e disse: "Você está linda!"

Encontrando um marido, mas sem perder a si mesma

Em todos os meus seminários há sempre uma mulher num poderoso tailleur que levanta a mão e diz: "Isto aqui é o que eu sou! Se um homem achar que minha imagem e minha atitude são muito ameaçadoras ou masculinas, por que eu iria querê-lo?" E eu respondo simplesmente: "Ao trabalhar com marketing, aprendi que, se você quiser ser bem-sucedida, tem de vender o que os clientes desejam comprar."

Na introdução deste livro mencionei que O *Programa* não tem o objetivo de mudar *você*, mas mudar o que você *faz*. Também não é sobre fingir ser alguém que você não é, mas enfatizar seus pontos positivos. Muitas mulheres experimentam uma certa tensão durante este passo, travando uma luta interna entre permanecer como "realmente são" ou fazer mudanças significativas para encontrar um marido. Entenda que meus conselhos visam redesenhar sua imagem exterior e seu comportamento (e não mudar o seu eu interior) para, no início, atrair os homens. Os marqueteiros fazem isso com sucesso o tempo todo, com uma "embalagem nova e melhorada" para o mesmíssimo produto.

Mas é importante que você se *sinta* à vontade com essa nova embalagem, se quiser ter sucesso. Com freqüência, é uma questão de tempo: você só precisa se acostumar a ela e ver quantos elogios virão. Algumas vezes, um elemento de sua nova embalagem pode provocar tamanho desconforto que acaba lhe fazendo mal. Nesse caso, faça o que for preciso para sentir-se bem consigo mesma.

No final, o sujeito vai acabar conhecendo você mais profundamente. Ser esperta e agir com estratégia para encontrar mais homens é o objetivo deste passo. Quero que você tenha a oportunidade de se ver diante do maior número possível de escolhas. Meu trabalho é dar o primeiro empurrão. O resto é com o seu "verdadeiro eu".

PASSO 4

EXPANSÃO DE MERCADO

Amplie sua rede

O QUE APRENDI NA HARVARD BUSINESS SCHOOL

Um objetivo básico do mercado é vender seu produto para o maior número possível de segmentos de clientes. Em geral, os marqueteiros definem esses segmentos baseados em pesquisas demográficas (sexo, renda, idade, instrução, raça), psicológicas (comportamentos sociais, graus de interesse por aventura ou risco) e geográficas. Por exemplo, a BMW pode criar um automóvel cujo público-alvo sejam mulheres ricas entre 35 e 55 anos de idade. Os segmentos de clientes que têm a probabilidade de comprar um produto são, mais tarde, separados em duas categorias: clientes primários (aqueles que se enquadram perfeitamente no perfil ao qual seu produto é destinado) e clientes secundários (aqueles que podem se interessar pelo produto, embora não tenham o perfil exato). O objetivo do profissional de marketing é expandir o mercado e vender o produto para o maior número possível de compradores.

A Motorola começou a criar seus modelos de telefone celular para o mercado de homens e mulheres de negócios. Essas pessoas constituíam o grupo de consumidores mais lógico (clientes primários). Mas a empresa logo percebeu que seu produto também era objeto de desejo de outras pessoas. Então expandiu o mercado, tendo como alvo outros segmentos (clientes secundários): jovens ambiciosos em ascensão profissional, mães preocupadas, adolescentes.

É sempre importante aumentar as chances de venda diversificando o mercado – tendo como alvo o maior número possível de clientes.

POR QUE AMPLIAR A REDE?

Como discuti na introdução deste livro, as chances de encontrar um marido mudam depois dos 35 anos. O número de homens qualificados diminui, tanto na realidade (lembre-se: no Brasil, o censo de 2000 relatou a existência de 6,9 milhões de mulheres solteiras acima de 35 anos, mas apenas 6,2 milhões de homens solteiros nessa mesma faixa de idade) quanto na nossa percepção ("todos os bons partidos já têm compromisso"). Mas não há motivo para alarme, pois neste passo você vai fazer uma mudança crucial em sua busca pelo homem certo. Essa mudança vai revelar muitos candidatos novos. Você vai formar uma rede mais ampla.

COMO AMPLIAR A REDE?

Fase Um: Aceite a realidade

Ampliar a rede significa procurar um marido que possa não ser exatamente o tipo que você sempre imaginou. No livro *How to Stop Looking for Someone Perfect and Find Someone to Love*, Judith Sills observa que homens (e mulheres) acima dos 35 anos são pessoas reais. Aos vinte e poucos anos, selecionamos um homem pelo seu *potencial*. Com o passar do tempo, selecionamos um homem real, que chega com toda uma história de vida, pelo simples fato de ter vivido mais. Ele tem mais defeitos e problemas, além de uma completa rede de relacionamentos de longo prazo aos quais você precisa se ajustar. "A vida deixa marcas... e os homens mais adequados estarão muito distantes daquilo que você idealizou", diz Judith. Ou seja, do parceiro com quem você sonhou aos vinte e poucos anos. Mas existe algo de bom em tudo isso: homens mais velhos são (assim esperamos) mais moderados e maduros. Portanto, aceitar a *realidade* é a Fase Um do aprendizado de ampliação da rede.

Fase Dois: Esqueça o seu tipo de homem

Quando se pergunta às mulheres qual é o tipo de homem que estão procurando, muitas delas recitam uma lista de cinco, 10 ou 15 critérios de julgamento: ele precisa ter pelo menos 1,80m de altura, um ótimo senso de humor, ser inteligente, sensível, amar meu gato, ser atlético, não ter filhos de outros casamentos, morar a não mais do que uns 30 quilômetros de distância da minha casa, ser da minha religião, ser um bom filho... Imagino que você esteja reconhecendo alguns dos itens dessa lista tão comum. Aqui está sua próxima tarefa: jogue fora a lista de exigências e esqueça o seu tipo de homem.

Eu sei que essa atitude não acontece naturalmente. Você passou muitos anos idealizando o "seu tipo". Os detalhes desse homem ideal incluem traços externos (altura, cor de cabelo, idade, profissão) e internos (atitudes, crenças, comportamentos). Mesmo quando minhas clientes dizem que não têm um tipo preferido e que se sentem atraídas por uma variedade de homens, em geral estão se referindo aos traços externos (eles vêm em todos os formatos, tamanhos e cores). Mas, embora pareçam diferentes, os padrões internos costumam ser semelhantes (principalmente os negativos). Quando as mulheres namoram repetidamente homens com as mesmas características internas (carentes, egoístas, arrogantes), não é de se admirar que nunca tenham êxito. Se isso tem a ver com o seu modo de agir, a hora de quebrar esse padrão é *agora*.

Quero deixar *bem* claro que não estou lhe dizendo para aceitar "qualquer coisa". Meu conselho é: seja flexível. Seu futuro marido pode ter 1,70m e não 1,80m de altura. Pode não ser atlético. Pode ser 20 anos mais velho. E, Deus nos acuda, pode ser alérgico ao seu gato! Mas, se for um sujeito especial, capaz de conquistar o seu amor, será que descartá-lo é a melhor atitude?

Tive uma cliente de 47 anos chamada Julie que era vice-presidente de uma grande empresa e também muito ativa na comunidade judaica, o que significava que a religião era algo importante para ela. Durante toda a vida, ela procurou o seu homem ideal: um investidor de sucesso, inteligente e judeu. Esse era o seu tipo. Julie namorou muitos homens que se enquadravam nesse perfil, mas nunca se apaixonou. À medida que o tempo foi passando, o número de homens disponíveis que se encaixavam nesse padrão e que se interessavam por ela diminuiu drasticamente (a maioria preferia sair com mulheres mais jovens). Quando Julie resolveu fazer O *Programa*, eu a orientei bastante no Passo 4. Tinha minhas dúvidas de que ela acreditasse neste passo, pois vivia retomando o seu tipo.

Até que um dia ela foi a uma loja devolver um telefone celular defeituoso e pediu para falar com o gerente. Quando ele apareceu e perguntou o que poderia fazer para ajudá-la, Julie o olhou de frente: bem dentro dos olhos de seu futuro marido. Ela se casou com o gerente da loja 12 meses depois! Ele não era judeu, certamente não tinha o perfil de investidor de seus antigos namorados e era nove anos mais jovem que ela. Mas esse sujeito era um tesouro, e ela se apaixonou perdidamente. Ele e Julie comunicaram-se na mesma freqüência emocional, como jamais outro homem havia feito. Ele a amava tanto que, mais tarde, converteu-se ao judaísmo. Ela nunca foi tão feliz, e, no mês passado, o casal adotou o primeiro filho.

Jamais me esquecerei daquele casamento. Quando, após a cerimônia, Julie se levantou para fazer um brinde, ela disse: "Passei a vida inteira procurando por alguém como Paul..." Então fez uma pausa, sorriu diante do olhar confuso dos convidados, que sabiam que ela nunca havia procurado alguém como Paul, e prosseguiu: "Mas ele veio numa embalagem completamente diferente do que eu havia imaginado."

Procurar, encontrar e se casar com um homem diferente do seu tipo não acontece a todas as mulheres. Porém, com as oportunidades jogando contra você, vale a pena abrir-se. Lembre-se de que tudo o que você precisa fazer é encontrar um grande sujeito, de qualquer tipo.

Fase Três: Espalhe a notícia

Como é possível perder um hábito e esquecer o seu tipo? Comece "espalhando a notícia". Da próxima vez que alguém lhe perguntar que tipo de homem você está procurando, responda: "Alguém especial." Só isso. Apenas duas palavras. Se um amigo propuser armar um "encontro às escuras", ou seja, apresentá-la a algum conhecido dele que você nunca viu antes, e pedir que descreva o seu homem ideal, esqueça a sua lista de critérios. Veja o que acontece quando você responde com essas duas palavras e não se restringe à sua lista de exigências.

O que fazer quanto àqueles amigos para os quais você vem repetindo, durante muitos anos, que o seu tipo é um fascinante artista italiano, com imensos olhos castanhos? Telefone para cada um deles e retire o que disse!

Essa fase não é apenas verbal, mas também escrita. Quando começar a namorar pela Internet, no Passo 7, você vai criar um perfil para o homem que está procurando. E o que vai escrever sobre esse homem? Duas palavras: "Alguém especial."

Fase Quatro: Pratique a varredura do *Programa*

Quero que você pratique dois exercícios muito simples. Eles utilizam uma técnica que denominei "Varredura do *Programa*", para ajudá-la a perceber o quanto a sua rede era pequena no passado e as possibilidades que se abrem quando você a amplia.

O primeiro exercício é sobre cores. Da próxima vez que estiver num local cheio de gente, seja uma festa ou um restaurante, faça uma varredura para ver quantas pessoas estão usando alguma peça de roupa vermelha. Deixe seus olhos passearem rapidamente pela sala, evitando qualquer pessoa que não esteja usando essa cor. Dê a si mesma 30 segundos para identificar seus alvos. Talvez tenha conseguido contar umas 10 pessoas. Agora, repita a varredura, procurando pessoas que estejam usando a cor preta, que é muito mais comum. Provavelmente, você encontrou cerca de 50 dessa vez. As pessoas no seu "grupo vermelho" representam o seu velho tipo. As do "grupo preto" representam sua rede mais ampliada. Esse exercício serve para chamar sua atenção para como a mudança de um único elemento de busca pode abrir um mundo de oportunidades. Há muito mais peixes no mar quando você atira uma rede maior.

Agora, repita o exercício usando um critério mais significativo. Olhe por todo o local e procure identificar homens que são o oposto do seu tipo físico. Se o tipo que mais a atraiu fisicamente a vida inteira for alto e louro, procure os baixos e morenos. Tente concentrar-se neles, aproximar-se, atrair sua atenção e iniciar uma conversa. Isso é apenas um exercício. Mesmo que nenhum acabe se revelando ser o seu Príncipe Encantado, você estará se desprogramando e abrindo seus horizontes. Talvez esse homem baixo e moreno a faça rir ou a impressione com sua inteligência. Nunca se sabe o que se esconde sob a aparência!'

Teste-surpresa

Situação: Uma amiga aproxima-se de você numa festa e diz que gostaria de apresentá-la a um dos homens solteiros com quem trabalha. Ela pergunta: "Qual é o seu tipo?"

Pergunta: O que você diz?

Resposta: "Alguém especial."

Fase Cinco: Encontro às escuras

Os exercícios que acabei de mencionar tinham como objetivo abrir os seus horizontes. Agora, você está pronta para o mais importante: quero que marque três encontros com homens que, definitivamente, *não* sejam o seu tipo. Primeiro, é preciso esclarecer qual *é* o seu tipo para, então, ampliar ao máximo sua rede e, dentro dela, extrair três encontros. Na Grade de Extensão do *Programa*, na página 70, listei os parâmetros pelos quais a maioria das mulheres escolhe o seu tipo ideal. Ao lado desses parâmetros há três colunas vazias. Preencha a primeira (Meu Tipo) com as preferências que costumava buscar antes de ler este capítulo. Na segunda e terceira colunas (Rede Ampliada e Rede Ampliada ao Máximo) escreva uma versão dessas preferências, afastando-se cada vez mais de seu tipo favorito. O exemplo a seguir foi completado por uma de minhas clientes, Anne, uma divorciada de 53 anos.

GRADE DE EXTENSÃO DO *PROGRAMA* DE ANNE			
Parâmetros	Meu Tipo	Rede Ampliada	Rede Ampliada ao Máximo
Idade	50 –55	48 – 60	43 – 68
Altura	1,80 +	1,75 +	1,70 +
Raça, cor de olhos e cabelos	branco, louro de olhos azuis	moreno, olhos castanhos	sem preferência
Físico	atlético, em boa forma	ligeiramente acima do peso	qualquer peso
Personalidade	divertido, extrovertido	divertido, pacato	sério, pacato
Profissão	executivo	dono de um pequeno negócio	trabalhador assalariado
Renda anual	R$ 150.000 +	R$ 150.000 +	R$ 50.000 +
Grau de instrução	mestrado ou equivalente	universitário	segundo grau
Religião	católico	ateu	qualquer uma
Estado civil	solteiro ou divorciado sem filhos em casa	divorciado com filhos em casa por alguns dias	divorciado ou viúvo com filhos morando em casa
Geografia	na minha cidade	no meu estado	qualquer lugar
Interesses	caminhadas, viagens	leitura	assistir à televisão

GRADE DE EXTENSÃO DO *PROGRAMA*

Parâmetros	Meu Tipo	Rede Ampliada	Rede Ampliada ao Máximo
Idade			
Altura			
Raça, cor de olhos e cabelos			
Físico			
Personalidade			
Profissão			
Renda anual			
Grau de instrução			
Religião			
Estado civil			
Geografia			
Interesses			

Após completar a sua grade, circule uma única entrada em cada linha, selecionando pelo menos um parâmetro com o qual você está mais disposta a se comprometer na coluna da Rede Ampliada ao Máximo. Depois, selecione pelo menos dois na coluna da Rede Ampliada. Os parâmetros circulados na grade de Anne demonstram os pontos com os quais ela estava mais disposta a se comprometer. As mulheres com mentes mais abertas podem desafiar a si mesmas e selecionar mais itens da terceira coluna. As opções marcadas revelam o seu novo tipo em rede ampliada.

Para muitas mulheres, o item mais decisivo para se expandir é a "Idade". Isso poderá dar a elas uma grande vantagem em termos de candidatos adicionais a serem considerados, principalmente se expandirem a idade *para cima*. Já sei, já sei: você não tem vontade de se casar com um velho doente. Jogue fora o estereótipo e mantenha a mente aberta. Para mulheres *abaixo* dos 50 anos, recomendo procurar homens entre 5 anos mais jovens e 15 mais velhos. Para mulheres *acima* dos 50, recomendo variar entre 10 anos mais novos a 15 anos mais velhos.

Agora você está pronta para os seus três encontros com homens desimpedidos que tenham pelo menos uma das características selecionadas na segunda e terceira colunas. Por exemplo, Anne optou por "Altura" e "Interesses" na segunda e "Idade" na terceira. Sua preferência sempre foi por homens com idade próxima à dela, altos e entusiastas de atividades ao ar livre e viagens. Por isso resolveu procurar três pessoas que representavam o seu novo tipo em rede ampliada: um homem bem mais velho ou bem mais novo (10 anos mais novo ou 15 anos mais velho), mais baixo (com 1,75m ou mais) e com interesses mais pacatos (leitura).

COMO ENCONTRAR O HOMEM QUE NÃO É SEU TIPO

O que fazer para encontrar três homens que preencham os requisitos marcados na Grade de Expansão do *Programa?* Agora que está procurando por diferentes tipos, pode prestar atenção em alguém que antes era invisível aos seus olhos. Talvez um funcionário, um vizinho, o professor de dança de salão. Peça a sua Mentora e às amigas que a ajudem a identificá-los, comece a conversar com eles e veja o que acontece. Talvez eles a convidem para sair, se você demonstrar interesse. Se você já navega na Internet, pode buscar homens que se enquadrem em seus novos parâmetros fazendo algumas alterações no perfil de quem você procura. Se ainda não estiver on-line, falaremos mais sobre isso no Passo 7, Marketing On-line.

Normalmente, não acho que as mulheres devam convidar os homens para um encontro, mas se você já identificou seus três "alvos" e eles ainda não a convidaram para sair depois de duas semanas, siga em frente e faça o convite. Isso não vai contar como "a primeira e única quebra da regra da feminilidade". Trata-se apenas de um experimento, e você não tem nada a perder. A chance de que um deles seja o seu futuro marido é bem pequena, mas o que você vai aprender com essa experiência vale todo o tempo e energia investidos.

O objetivo desses três encontros é mostrar que as aparências enganam. Talvez você ache que isso não é novidade, mas o que se sabe na teoria é diferente do que se sabe na prática. Passar algum tempo ao lado de três homens completamente diferentes do seu tipo vai abrir a sua mente e pode até mesmo acender uma pequena e inesperada chama de atração, o que ocorre muitas vezes quando conhecemos melhor uma pessoa. Tudo isso faz parte de uma base que você está construindo e que será vital nos passos subseqüentes do *Programa.*

Os resultados de Anne

O que aconteceu após Anne completar sua Grade de Expansão? Ela teve três encontros com homens que eram o oposto do que sempre procurara e não foi nada ruim. Mas também não aconteceu nenhuma química: apenas algumas noites sem nada de especial. Ela era uma mulher de 53 anos, extrovertida, que sempre buscara homens cheios de energia e com espírito de aventura. Achava essencial que seus namorados gostassem de atividades ao ar livre (principalmente longas caminhadas), tivessem vontade de viajar e disposição para aventuras. Após divorciar-se, ela namorou esse tipo de homem durante muitos anos, mas nenhum dos relacionamentos progrediu até um novo casamento. Quando ela aderiu ao *Programa* e chegou a este passo, começou a sair com alguns sujeitos que classificou como "muito chatos". Ela jurou que preferia passar o resto da vida sozinha a casar-se com "um cara velho e chato". Eu anotei cada palavra. Cerca de quatro meses depois, Anne me telefonou:

> Comecei o Passo 7 (Marketing On-line) há três meses e estou me correspondendo com um homem de 64 anos chamado Phil. Ele escreveu que seus interesses são ler, assistir a programas de esportes pela televisão e visitar os netos. Ai, ai! Ele me pareceu parado demais. Mas mantive a mente aberta, tivemos umas conversas interessantes pelo telefone, até que, finalmente, embora relutante, resolvi aceitar um encontro cara a cara. Descobri que ele podia ser qualquer coisa, menos chato! O estilo de vida dele é bem menos ativo do que o meu, mas ele me faz rir. E, devo confessar, é um amante extremamente caloroso.

Anne conseguiu ampliar sua rede com sucesso, mas é claro que isso não significa que Phil é perfeito. Eles estão juntos há três meses. Ela gostaria que ele a acompanhasse nas caminhadas, fizesse aulas de dança de salão ou resolvesse, de repente, viajar com ela no fim de semana. Algumas vezes ele a acompanha nas aventuras e parece divertir-se, mas, quando não está disposto, Anne convence uma amiga a ir com ela e aproveita muito mesmo sem Phil. Quando volta, feliz e realizada, ele está sempre esperando. Essa situação, com um homem a quem agora ama, não está de acordo com a antiga fórmula que ela tanto buscava: o que parecia essencial simplesmente não era.

PASSO 5

MARCA

Identifique o que a torna diferente

O QUE APRENDI NA HARVARD BUSINESS SCHOOL

Para o sucesso de um produto, é essencial que sua marca seja bem definida e inesquecível. A marca tem quatro funções principais:

1. Ajudar os consumidores a se lembrarem do produto.
2. Enviar uma mensagem complexa rapidamente.
3. Ajudar os consumidores a distinguir o produto de outros similares.
4. Criar um apelo positivo para estimular as pessoas a comprarem o produto.

Atualmente há uma infinidade de produtos à disposição e temos incontáveis opções. Por exemplo, há 30 anos, havia apenas 16 marcas de água mineral no mercado. Atualmente, há mais de 300. Os profissionais de marketing precisam diferenciar seus produtos de outros similares, pois a escolha do consumidor, sem dúvida alguma, será baseada na *diferença* entre eles, seja ela explícita ou implícita.

As marcas que são inesquecíveis e têm um diferencial alcançam muito sucesso. Por exemplo, a cerveja Brahma é “a número 1”, o

Bombril tem "mil e uma utilidades" e o sabão em pó Omo "lava mais branco". Podemos aprender duas lições importantes com esses exemplos. Em primeiro lugar, um produto *precisa* de uma marca (sem ela, será visto como algo genérico e não terá boa venda). Em segundo, se a marca é indeterminada, tentando ser tudo para qualquer pessoa, acaba não significando nada para todos.

O QUE É UMA MARCA PESSOAL?

Uma "marca pessoal" é o que diferencia você de todas as outras pessoas. É um grupo de características peculiares que a destacam da multidão e a tornam inesquecível. As pessoas têm marcas, exatamente como os produtos, mas, em geral, elas não podem ser comunicadas por uma única palavra ou conceito. A marca da Madonna poderia ser: "Escandalosa, Sexual, Cantora Popular". A de Madre Teresa poderia ter sido: "Nobre, Altruísta, Servidora dos Pobres". As pessoas são complexas e apresentam inúmeras facetas, mas sempre procuramos um atalho (poucas palavras ou expressões) para defini-las com rapidez.

Como os seus amigos e conhecidos a descrevem quando você não está por perto? É importante saber essa resposta porque são eles que podem apresentá-la a alguém, retratando-a de maneira singular e favorável. É vital saber como eles se referem a você. Tente ajudá-los a comunicar suas qualidades às outras pessoas sugerindo as facetas que devem ressaltar. Você também deve realçar essas áreas quando se encontrar com alguém pela primeira vez, já que as pessoas farão julgamentos rápidos a seu respeito logo nos primeiros minutos do encontro. Neste passo, você vai aprender a selecionar três adjetivos, expressões ou características que irão se tornar a sua marca pessoal. Essa marca será capaz de comunicar rapidamente quem você é e irá diferenciá-la das outras mulheres.

POR QUE VOCÊ PRECISA DE UMA MARCA PESSOAL

A marca pessoal é indispensável a todas as mulheres solteiras acima dos 35 anos. Aqui estão as razões:

- Você precisa se destacar entre milhões de mulheres solteiras, para conseguir ser notada.
- Isso irá ajudá-la a atingir o seu consumidor ideal. Uma mulher cuja marca inclui "Intelectual" tende a atrair homens inteligentes ou, pelo menos, que apreciem mulheres inteligentes.
- Se você mesma não criar uma marca, alguém o fará (e você pode detestá-la). Aposto que ficaria surpresa se soubesse como seus amigos e conhecidos a descrevem quando você não está ouvindo. Pode não ser necessariamente uma descrição ruim, mas talvez seja incorreta ou apenas diferente da maneira como você se enxerga.

O seu futuro marido pode ser alguém que você encontre por acaso, o que significa que ele terá apenas alguns instantes para decidir se você é alguém que ele gostaria de conhecer mais profundamente. É melhor ajudá-lo a perceber o que você deseja que ele enxergue – a sua marca – do que permitir que ele faça julgamentos rápidos que possam desfavorecê-la.

UM TRABALHO DE EQUIPE

A criação de uma marca pessoal vai exigir muita reflexão sobre a sua pessoa, mas você não pode fazer isso sozinha. É um trabalho de equipe. A sua marca precisa soar verdadeira não apenas para você, mas para os outros também. Como fez no Passo 3, Embalagem, você precisa ouvir diversas opiniões. É preciso saber qual a impressão que você causa nos outros, não apenas nos que a rodeiam, mas também nos que mal a conhecem. Você pode, se quiser, consultar as mesmas pessoas com quem conversou anteriormente. No Passo 3, seu objetivo era levantar opiniões honestas a seu respeito. Agora, você continua querendo sinceridade, mas quer saber o que a torna diferente, tanto num nível superficial (impressões daqueles que mal a conhecem) quanto num nível mais profundo (impressões daqueles que a conhecem muito bem). Seu objetivo aqui deve ser encontrar pessoas perspicazes e criativas para ajudá-la.

A sua marca pessoal deve ser uma combinação de suas qualidades interiores e exteriores. Entretanto, nem sempre é fácil identificar as características mais inconfundíveis de um indivíduo. A explicação que se segue, com três fases, vai guiá-la através do processo de criação de sua marca.

COMO CRIAR A SUA MARCA PESSOAL

Fase Um: Faça uma lista

Pegue uma folha de papel e faça três colunas. Chame-as de "Físico", "Personalidade" e "Outros".

Sob a coluna "Físico" anote os adjetivos ou expressões que acha que descrevem a sua aparência física. Por exemplo, você poderia escrever qualquer uma dessas características: alta, atarracada, graciosa, acima do peso, magra, loura, morena, asiática, voluptuosa, em boa forma, elegante, belo sorriso.

Na coluna "Personalidade" escreva o maior número de adjetivos ou expressões que você acha que definem sua personalidade. Por exemplo: espirituosa, séria, artística, culta, tímida, sociável, assertiva, gentil, temperamento forte, honesta, generosa.

Na coluna "Outros" escreva o maior número de adjetivos ou características que considera relevantes para descrever quem você é, mas que não se encaixam nas duas outras colunas – talvez a sua profissão, religião, interesses, estado civil, talentos especiais, naturalidade, etc. Nesse caso, você poderia escrever: engenheira, contadora, budista, louca por vôlei, fã dos Beatles, mãe descasada, divorciada, campeã de xadrez, carioca, paulista ou baiana.

IDÉIAS PARA AJUDÁ-LA COM SUA MARCA PESSOAL

- Os adjetivos e expressões não precisam ser todos positivos. Alguns podem ser negativos ou considerados sinais de "fraqueza". Seja *honesta*.
- Faça a lista devagar e use a sua imaginação. Um retrato completo de si mesma não costuma estar na ponta da língua, mesmo que você se orgulhe de seu autoconhecimento. É importante reler a lista várias vezes nos dias que se seguirem, antes de finalizá-la.
- Seja bastante específica na escolha dos adjetivos e expressões. Evite os de sentido mais amplo. Em vez de *bonita*, pense se você é graciosa, deslumbrante, exótica, um tipo bem brasileiro ou se tem olhos grandes e azuis. Em vez de *inteligente*, pense se você é intelectual, bem-informada, culta, se tem "jogo de cintura" ou se é especialista em História da Europa.
- Tente selecionar palavras que não sejam muito comuns. Use um dicionário. Por exemplo, uma palavra comum como *esperta* pode se transformar em *arguta*, *perspicaz*, *engenhosa*, *maliciosa* ou *sagaz*. Você quer que seus atributos sejam inesquecíveis para os outros.

Fase Dois: Peça opiniões

Depois que se sentir à vontade com sua lista, peça a opinião de quatro pessoas: dois homens e duas mulheres. Agora que você já sabe como realizar uma boa pesquisa de mercado, coloque suas habilidades em prática. Mas não mostre sua lista a essas pessoas.

Ela serve somente para comparar a visão que tem de si mesma com o que os outros pensam sobre você. O dado mais importante de sua pesquisa é o que a torna uma mulher singular, diferente de qualquer outra.

Uma maneira de iniciar a entrevista pode ser essa: "Estou lendo um livro muito interessante sobre relacionamentos. Ele sugere que eu faça um exercício para descobrir como as pessoas me enxergam, principalmente os pontos nos quais sou diferente das outras mulheres. Você poderia pensar numa série de adjetivos ou expressões que me descrevam fisicamente? Por favor, seja sincero!" Depois que cada um tiver respondido, pergunte sobre sua personalidade e sobre outros atributos. Lembre-se de *não* conduzir as respostas e evite perguntas do tipo: "Você acha que tenho senso de humor?" Entretanto, não há problema em explicar que tipo de informação você está buscando, com comentários como: "Existe alguma coisa única em mim no que se refere à minha aparência? Personalidade? Profissão? Interesses?"

Após conseguir as quatro opiniões, chame sua Mentora e compare sua lista original com as opiniões recebidas.

Fase Três: Escolha sua marca pessoal

Uma vez que você e sua Mentora tenham discutido todos os dados coletados, selecione apenas três adjetivos ou expressões que *a tornem diferente*. Esses três itens não precisam ser selecionados de colunas distintas. Na verdade, podem até mesmo ser todos da mesma coluna. Procure por três características positivas que sejam só suas e que, quando combinadas, criem uma marca pessoal intrigante e tentadora. Os quatro critérios para descobrir se a marca selecionada é eficiente são os seguintes:

1. Ela soa verdadeira sobre a sua pessoa, seja da maneira como você se vê ou como os outros a vêem.

2. Ela encanta um amplo leque de homens.
3. Ela é única e inesquecível.
4. Ela a situa como uma "mulher com quem um homem pensaria em se casar".

Somos seres complexos, uma combinação de traços de personalidade, temperamento e habilidades. Não é uma tarefa fácil selecionar somente três qualidades para ressaltar, uma vez que temos diferentes facetas, dependendo das pessoas e das circunstâncias que nos cercam em determinado momento. Suas escolhas devem ser honestas, mas não precisam descrever como você é em todos os instantes de sua vida.

Lembre-se de que suas três escolhas não são necessariamente os seus melhores atributos, nem aqueles com os quais você se sente mais à vontade ou que lhe são mais familiares. Essas características devem ser selecionadas de maneira que, quando combinadas, façam com que você se destaque *favoravelmente* aos olhos de um conjunto de homens que desejam se casar. Por exemplo, uma marca como "Bonita, Inteligente, Carioca" é genérica demais. Já "Divorciada, Caseira, Acima do Peso" é negativa demais. Uma marca como "Sensual, Ousada, Beldade" retrata uma mulher que deseja uma aventura amorosa e não um relacionamento sério.

Quando identificar a marca que você acredita estar de acordo com os quatro critérios acima, consulte sua Mentora para uma revisão final. Se essa marca passar no "teste" – cumprir os quatro requisitos –, então você estará bem representada.

O estudo ao lado do caso de uma de minhas clientes, Sarah, poderá ajudá-la a cumprir essa fase.

ESTUDO DE CASO

CRIANDO A MARCA PESSOAL DE SARAH

Lista Principal de Sarah

Físico	*Personalidade*	*Outros*
42 anos	Sociável	Agente de viagens
Ruiva	Alegre	Católica
Sardas	Espírito aventureiro	Descendente de irlandeses
Tipo mignon (1,56 m)	Espontânea	Jogadora de tênis
Roupas sensuais	Boa ouvinte	Oito irmãos
Manchas na pele	Temperamental	Excelente cozinheira
	Sensível	Divorciada
	Entedia-se facilmente	Sem filhos

Marca pessoal selecionada: "Ruiva, Espírito Aventureiro, Excelente Cozinheira"

Após conseguir opiniões de dois homens, duas mulheres e de sua Mentora, Sarah criou a lista acima e selecionou sua marca pessoal: "Ruiva, Espírito Aventureiro, Excelente Cozinheira". Ela optou por essas três características porque:

1. **Soam verdadeiras:** Elas a descrevem com eficiência. São todos atributos que ela havia apontado, assim como seus entrevistados.

2. **Incluem qualidades que tendem a atrair vários homens:** "Espírito Aventureiro" sugere que a vida ao lado dela pode ser bastante animada. E quem não gostaria de se casar com uma "Excelente Cozinheira"? Talvez um sujeito numa dieta rigorosa, mas para o resto dos mortais é uma enorme vantagem.

3. **Incluem algo inesquecível e único:** Cabelos ruivos são os mais raros, um atributo físico incomum e interessante.

4. **Situam-na como uma mulher com quem um homem pensaria em se casar:** Nenhuma das características sugere que ela seja apenas alguém com quem passar algumas horas agradáveis.

Como *combinar* suas qualidades é a chave da criação de uma excelente marca pessoal. Palavras individuais só passam a ter um sentido de singularidade quando colocadas juntas, num único pacote. O de Sarah é específico e sedutor.

O que Sarah *não* selecionou

Aqui estão alguns exemplos de combinações e de características isoladas que Sarah e sua Mentora pensaram em utilizar como marca, mas mudaram de idéia:

- **"Ruiva, Temperamental, Irlandesa":** Essa combinação é um estereótipo ("os irlandeses são ruivos e temperamentais") e é previsível demais. O que você procura é criar uma marca que seja *intrigante*, que desperte nos homens a curiosidade de saber mais sobre você, não que lhes dê a certeza de como você é.
- **"Sem Filhos, Jogadora de Tênis":** Por que não? É uma combinação muito monótona para alguém como Sarah, que é um furacão. Sua marca deve soar verdadeira, e esse conjunto não sugere nada excitante sobre ela.
- **"Espírito Aventureiro, Espontânea, Agente de Viagens":** Os três atributos não formam uma imagem voltada para o casamento. Essa marca faz pensar numa pessoa *divertida, boa para se passar algum tempo*, em vez de sugerir *esposa, mãe de meus filhos*. E pode atrair os homens errados: aqueles que procuram divertimento fortuito e não um compromisso.
- **"Roupas Sensuais":** Ter a reputação de usar roupas sensuais pode sugerir uma mulher para um programa, não uma futura esposa. Lembre-se: você quer que sua marca atraia homens dispostos a se casar.

- **"Tipo mignon":** Embora essa expressão tenha um certo apelo, pode atrair um grande número de homens baixinhos (uma boa ajuda para sua Rede Ampliada), e Sarah tem melhores opções para torná-la única.
- **"Sensível, Boa Ouvinte":** Sarah tem um histórico relacionado a ex-namorados com problemas emocionais, que esperavam que ela os compreendesse e consolasse. Ela não gostaria de ressaltar esses aspectos, na esperança de atrair homens de personalidades mais estáveis e seguras.
- **"Temperamental, Divorciada":** Por que não? Porque manda um sinal de aviso. "Divorciada" revela alguma bagagem (que você deve evitar em sua marca) e "Temperamental" sugere que ela não é uma pessoa de fácil convivência.
- **"Católica":** Apesar de ser católica, Sarah não é muito religiosa. Ela só vai à igreja esporadicamente e está aberta a encontrar homens de qualquer religião. Ela não gostaria que a marca limitasse suas opções.
- **"Jogadora de Tênis":** Sarah joga tênis, mas não é uma sumidade. Seria uma descrição dispensável em sua marca porque não é parte integrante de sua vida.

Bom, já deu para você ter uma idéia! Selecione sua combinação com cuidado, usando os exemplos acima como orientação.

VOCÊ DEVE ESTAR CURIOSA PARA SABER...

Posso mudar minha marca com o passar do tempo?

Pode, mas só faça mudanças se sua marca não estiver dando certo (se não for inesquecível, por exemplo, ou se não estiver atraindo o tipo certo de homem). Por todo o período em que você estiver solteira, a eficácia do processo dependerá da mensagem consistente de uma única marca. No ano que vem, quando estiver casada, seu estilo de vida e seus objetivos terão mudado, por isso a sua marca pessoal irá mudando à medida que você for passando pelos diferentes estágios da vida. Entretanto, neste eficiente e rápido *Programa*, mude sua marca imediatamente se perceber que ela não está funcionando.

Por exemplo, tive uma cliente de 54 anos, Lisa, que havia trabalhado como professora durante 20 anos. Então, resolveu mudar de profissão e foi trabalhar em rodeios. Quando criamos a marca de Lisa, eu a encorajei a selecionar, como um de seus atributos, "Profissional de Rodeios", uma vez que era algo extremamente singular. Ela criou a marca "Generosa, Olhos Azuis, Profissional de Rodeios". Lisa colocou seu perfil na Internet e veja o que aconteceu:

> Selecionei o apelido "Queridinha dos Rodeios". Imaginei que seria cativante e diferente. Mas levei o maior susto quando as primeiras respostas chegaram. A marca atraiu o tipo errado de homem! Recebi vários e-mails eróticos, inclusive o de um sujeito que me chamou de sua "Pequena Novilha" e disse que queria me laçar!

Fizemos algumas rápidas modificações e trocamos "Profissional de Rodeios" por "Professora". Substituímos o apelido por "Professora-Surpresa". Lisa logo começou a receber respostas de candidatos muito mais adequados.

Se eu tiver uma característica dominante que possa ser percebida como negativa (como estar muito acima do peso, ser a mãe descasada de seis filhos, ser maníaca por trabalho), não seria mais correto incorporá-la à minha marca, de maneira a descartar as pessoas erradas e não perder tempo?

Uma vez que a marca deve ser algo que a destaque de maneira positiva, a resposta é não. Todos nós temos características que podem ser percebidas como negativas, mas um ponto fraco de uma pessoa pode ser o ponto forte de outra. Se você está 20 quilos acima do peso, ainda assim deve selecionar três características que sejam percebidas como positivas pela maioria dos homens, pois seu desejo é acentuar suas melhores qualidades. Você quer que os homens a vejam como algo mais do que um número na balança. Alguns candidatos perderão o interesse devido ao seu peso, mas outros, certamente, continuarão interessados. E são esses os seus verdadeiros alvos. Revelar a eles três particularidades positivas a seu respeito é essencial para ajudá-los a enxergar além da sua aparência.

Mães descasadas enfrentam problemas semelhantes. Sempre ouço reclamações do tipo "Assim que ele soube que eu tinha três filhos pequenos, saiu correndo". Repito, o que alguns consideram um problema pode ser visto como um ponto positivo (ou pelo menos como um ponto neutro) por outros. Certamente existem homens por aí que amam crianças e que até mesmo tenham seus próprios filhos pequenos, de um casamento anterior. Eles costumam sentir-se atraídos por mulheres que já são mães e que compreendem os compromissos e sacrifícios envolvidos nos cuidados e no amor que devem ser dedicados a uma criança. Um pai divorciado de 48 anos disse a uma de minhas clientes (uma mulher de 43 anos, divorciada e mãe) que o motivo que o levou a procurá-la, no início, foi saber que ela também tinha filhos. Ele não gostaria de começar tudo outra vez, tendo de lidar com crianças pequenas, e sabia que a maioria das mulheres entre 35 e 45 anos iria querer ter seus próprios filhos. Minha cliente não usou "Mãe Descasada" como parte de sua marca, mas esse homem sempre fazia a mesma pergunta a qualquer pessoa que pensasse em apresentá-lo a uma mulher: "Ela tem filhos?" Se algo for importante para uma pessoa, ela mesma vai perguntar.

É claro que a sua disposição de viver com os filhos *dele* – caso seja um pai descasado – já é uma outra história. O que estou tentando é passar a bola para o seu lado da quadra. Assim que souber que ele está disposto a ajudá-la a criar os *seus* filhos, você passa a avaliar a situação *dele* e decidir se está disposta a aceitá-la. Muitas de minhas clientes comentaram que integrar os filhos de um outro homem à sua própria família envolve uma grande batalha e costuma ser fonte de um número infinito de desentendimentos. Mas o importante é que elas estão dispostas a superar todos os problemas por um homem especial.

O QUE FAZER COM SUA MARCA PESSOAL

Agora que você já desenvolveu a sua marca pessoal, o que deve fazer com ela? Você construiu mais uma parte crucial da base que irá utilizar nos passos que irão se seguir. Você vai aprender a anunciar a sua marca, torná-la coerente com todos os detalhes da embalagem e reforçá-la através de encontros pela Internet e outras atividades relacionadas a namoro. De agora em diante, tudo o que você fizer, vestir, disser e escrever sobre si mesma deve ser fiel aos princípios de sua marca. Você não vai mais correr o risco de ser vista como um genérico se, efetivamente, comunicar e anunciar sua nova marca pessoal, seguindo as estratégias que serão ensinadas no Passo 6.

PASSO 6

PROPAGANDA

Promova a sua marca pessoal

O QUE APRENDI NA HARVARD BUSINESS SCHOOL

Um produto pode ser o que há de melhor no mundo, mas, se não tiver uma campanha publicitária eficiente por trás, pode não conseguir sucesso no mercado. Ninguém, exceto o Departamento de Marketing, jamais saberá das incríveis qualidades desse produto, a não ser que essa mensagem seja comunicada aos consumidores de maneira eficaz. Muitas empresas acham que a propaganda é um mal necessário: é cara, demanda tempo e criatividade. Mas é a única maneira de fazer com que os consumidores saibam da existência e das qualidades de um produto. O consumidor precisa ser instruído e conduzido a fazer a escolha certa.

Duas importantes lições de marketing são essenciais:

1. **A consistência da marca** é a chave de qualquer forma de propaganda: a imagem da marca do produto deve permanecer a mesma todas as vezes em que o consumidor for exposto a ela.

2. **A lembrança da marca**, uma medida da facilidade com que as pessoas se lembram do que ela significa, é essencial para

> uma campanha eficiente de propaganda. Se um anúncio não torna a marca memorável, não tem nenhum valor. Se eu digo "Bombril", você imediatamente pensa em "mil e uma utilidades". Se eu digo "Rolls-Royce", você logo pensa num carro de luxo. A marca Rolls-Royce é e sempre foi anunciada como "o automóvel mais luxuoso do mundo". Sem consistência e fácil lembrança, as mensagens de propaganda apenas criam confusão e são totalmente ineficazes.

Embora existam muitas formas de propaganda cara (televisão, revistas, jornais, letreiros, painéis luminosos, etc.), alguns dos métodos mais baratos, como mala-direta, propaganda boca a boca e propaganda de imagem, podem causar grande impacto.

POR QUE É IMPORTANTE ANUNCIAR A SUA MARCA PESSOAL

Agora que você criou a sua marca pessoal no Passo 5, é preciso anunciá-la. Pense em sua marca como se fosse um novo nome: todos precisam saber qual é. Não adianta nada definir uma marca pessoal na cabeça ou deixá-la escrita num pedaço de papel. É preciso ter certeza de que todos ao seu redor a conheçam. Isso não é nada absurdo. Conscientemente ou não, você anuncia a si mesma o tempo todo. As pessoas formam opiniões a seu respeito todos os dias: em conversas, encontros, festas, entrevistas de trabalho. Você diz às pessoas o que deseja que ouçam a seu respeito – ainda que o faça no nível do subconsciente. Como só é possível avaliar aquilo que mostramos, é possível controlar as situações simplesmente tomando consciência das mensagens que estamos enviando.

Há dois grupos básicos de pessoas que precisam conhecer a sua marca: as que podem lhe arranjar encontros e os homens com quem você se encontra. A seguir você aprenderá táticas para fazer com que esses dois grupos a percebam de acordo com a sua marca pessoal. Isso irá ajudá-la a atrair os homens que se sintam seduzidos pelos seus pontos de diferenciação.

Muitas mulheres me dizem que se sentem pouco à vontade fazendo propaganda de si mesmas e de suas qualidades únicas. Isso se deve principalmente ao fato de que a maioria de nós foi educada para ser modesta e recatada quanto ao que possui. Ninguém gosta de quem conta vantagens. Mas o que você está fazendo é apenas comunicando o que a torna *diferente* e não o que a torna *maravilhosa*. Isso não é gabar-se nem ser presunçosa, apenas ajudar as pessoas a criar uma imagem na cabeça delas. Fazer propaganda não é errado. Mesmo assim, um certo nível de naturalidade quanto a isso não vem de uma hora para a outra. Quanto mais você falar com as pessoas sobre o seu "rótulo", mais à vontade vai se sentir. Seus esforços valerão a pena, mas só se você agir com confiança.

Você está prestes a iniciar a campanha de lançamento da "nova você". Mas é importante deixar claro que não estou sugerindo que minta sobre si mesma ou use táticas desonestas. Sua campanha promocional tem como objetivo causar a melhor impressão possível e conquistar a atenção inicial de um grande número de homens. Tão logo você comece a se encontrar com eles e a namorá-los, o seu eu verdadeiro vai aflorar. É para isso que serve o namoro. Depois, você chuta a gol ou não, mas pelo menos chegou na pequena área.

ADVERTÊNCIA: "QUE O COMPRADOR ESTEJA ATENTO"

Através da marca e da propaganda, você está realçando certos aspectos de quem você é, mas isso não significa que mudou. Naturalmente, você ainda é a mesma pessoa de antes. Cabe aos homens com quem você sair descobrir suas características positivas e negativas. Por outro lado, cabe a você desvendar as múltiplas complexidades de um homem com quem pensa em assumir um compromisso para toda a vida. No início, todos tentam dar a melhor das impressões, por isso tome cuidado com o que a propaganda *pode* fazer (fazê-la ser notada) e o que ela *não pode* fazer (substituir um conhecimento verdadeiro um do outro, que deve vir com o passar do tempo).

COMO ANUNCIAR A SUA MARCA PESSOAL

Não se preocupe, não vou sugerir que você produza um comercial de televisão, ou que alugue um outdoor para fazer a propaganda de sua marca pessoal. Prefiro usar três outros meios que, além de muito mais baratos, são mais adequados a esse processo: mala-direta, propaganda boca a boca e propaganda de imagem.

PROPAGANDA POR MALA-DIRETA

Mala-direta é uma forma de propaganda que envia informações endereçadas a determinado indivíduo, através do correio. Com esse método, você consegue entrar em contato com todas as pessoas que conhece através de uma mensagem escrita e, assim, anunciar com eficiência a sua nova marca pessoal. Essa é também uma ótima oportunidade para lembrar às pessoas que você está procurando alguém especial e que ficaria muito feliz se elas pudessem apresentá-la a algum candidato.

Quero que você crie um cartão bem inteligente, relacionado a alguma festividade, ou, então, invente um pretexto para enviar sua mala-direta. Se escolher uma data importante, *evite* o Natal e Hanuká, a Festa das Luzes celebrada pelos judeus, pois você não vai querer que seu cartão tenha de competir com dúzias de outros em dezembro. Uma boa idéia é mandar votos de feliz ano-novo assim que o ano começar. Você pode também selecionar algum acontecimento de sua vida, como uma mudança de endereço ou de telefone, para enviar um cartão.

Em segundo lugar, crie a mensagem que deseja enviar. Seu objetivo é comunicar, de maneira um tanto sutil, quem é a "nova você". Então, é preciso elaborar um cartão que funcione como uma vitrine de sua marca pessoal. Por exemplo, Anita, 44 anos, selecionou a marca "Espirituosa, Sociável, Montanhista". Ela pediu a uma amiga que montasse o cartão usando uma foto dela sorridente, andando por uma trilha numa bela montanha, e enviou uma mensagem falando que seu objetivo no próximo ano era se aproximar dos amigos e encontrar alguém especial para se divertir ao seu lado. Mandou fazer 150 cartões para distribuir aos amigos, familiares, conhecidos e colegas de trabalho. A foto na montanha e a pose sorridente mostravam dois dos seus atributos, e o texto chamava a atenção para o seu jeito sociável, de alguém que gosta de conviver com os amigos, e espirituoso, ao reforçar que a vida ao seu lado é divertida.

Mas ela ainda não estava pronta para enviar o cartão de Ano Novo. O mais importante – e também o mais difícil – não fora feito: escrever uma outra mensagem, personalizada, pedindo diretamente a cada um dos destinatários que a apresentassem a alguém. Ela dedicou cerca de uma hora a cada noite, durante três semanas, até completar a lista de 150 pessoas. Veja um exemplo:

> Querida Sandy,
>
> Você continua satisfeita com o seu novo emprego? Aposto que sim! Tenho um favor para lhe pedir. Neste ano, gostaria de encontrar alguém especial com quem dividir minha vida, por isso, se você conhecer algum homem solteiro, não se esqueça de me apresentar. A propósito, meu novo número de telefone é xxxx-xxxx.
>
> Um abraço,
> Anita

Uma outra cliente, Joanne, mandou um cartão de feliz ano-novo com uma série de fotografias mostrando-a desde pequena – com 3, 13, 21 anos – até a idade atual, 38 anos, mas sem revelar a idade que tinha nas fotos. Em todas elas, Joanne aparecia sorrindo, uma vez que parte de sua marca era "Vivaz". Acima da foto atual estava escrito: ESTE É O *MEU* ANO! A mensagem pessoal que escreveu em cada cartão começava por "Este é o meu ano para encontrar um homem especial...".

Se você não dispuser de tempo ou dinheiro para pagar um artista gráfico que crie sua campanha de mala-direta, se sua criatividade estiver em baixa, ou se não se sentir bem colocando a própria fotografia num cartão, é possível adotar um outro caminho. Consiga cartões já impressos nas papelarias ou use um mecanismo de busca como o Google para encontrar opções na Internet. Você pode escolher a imagem de um objeto ou um conceito que se adapte à sua marca. O meu site traz outras sugestões: www.findahusbandafter35.com.

Enviar cartões numa campanha de mala-direta como essa atinge dois objetivos importantes: comunica com eficiência a sua marca, ou parte dela, e estimula seus amigos a apresentá-la a possíveis candidatos. Talvez, num primeiro momento, você não se sinta à vontade por achar que este passo pode passar a impressão de que você está desesperada para arranjar um marido. Mas tenho certeza de que, se você souber transmitir sua mensagem com seriedade e sem exageros, afirmando o seu desejo de conseguir alguém especial, os outros vão respeitá-la por sua iniciativa e fazer o possível para ajudá-la a atingir seu objetivo. Lembre-se, nossas conquistas, em geral, são fruto de trabalho e de esforço. Mãos à obra!

PROPAGANDA BOCA A BOCA

A propaganda boca a boca é uma poderosa técnica de marketing, mas não é algo que você possa criar *diretamente*. Ela requer métodos mais indiretos. Esse tipo de propaganda ocorre quando um consumidor experimenta determinado produto, tem uma boa experiência com o mesmo e toma a iniciativa de falar sobre ele aos amigos. No *Programa*, assim como nos negócios, não se pode forçar a propaganda boca a boca, mas sempre se pode fazer o possível para provocá-la e estimulá-la. Como? Em primeiro lugar, selecione 10 pessoas que tenham uma ampla rede social, para que sua mensagem tenha maior alcance. Essas dez pessoas (amigos, familiares, colegas de trabalho, conhecidos, etc.), que precisam já ter recebido seu cartão, vão formar um subgrupo especial da sua lista de campanha de mala-direta. Elas vão receber um *reforço* pessoal da mensagem que você enviou por escrito para um grupo maior.

Essa tática é bastante útil para a comunicação com aqueles indivíduos com quem você se sente pouco à vontade para pedir *diretamente* que a apresentem a algum candidato, como, por exemplo, seus colegas de trabalho. A idéia é projetar sua marca para eles de maneira bem sutil e deixá-los perceber que você está aberta a apresentações. Dê a si mesma um período de aproximadamente duas semanas para comunicar-se com essas dez pessoas. O que desejamos é que elas sejam influenciadas e encorajadas a repetir sua mensagem para outras pessoas, facilitando arranjos diretos de encontros com homens desimpedidos, ou indiretos, através de amigos dessas pessoas, que possam conhecer alguns solteiros.

A melhor maneira de ilustrar essa tática é mostrar um exemplo:

ESTUDO DE CASO

UM DIA NA CAMPANHA BOCA A BOCA DE ELLEN

Antecedentes

Ellen é uma mulher de 39 anos que selecionou a seguinte marca pessoal: "Arquiteta, Charmosa, Internacional". Como primeiro atributo, ela escolheu sua profissão por considerá-la diferente. "Charmosa" foi resultado da pesquisa feita com quatro pessoas no Passo 5, Marca, que sugeriu ser esse o seu traço de personalidade mais marcante. Ellen fica à vontade quando conversa com qualquer um, sempre causa boa impressão e faz com que as pessoas sintam que conversar com ela é fácil e agradável. Sua terceira característica, "Internacional", foi escolhida porque ela morou em quatro países diferentes na América do Sul e Ásia. Isso também serviu para ampliar sua rede, atraindo homens de diferentes nacionalidades.

Como Ellen conduziu sua propaganda boca a boca

Primeiramente, Ellen identificou dez pessoas que tinham mais chance de ter um amplo círculo de amizades e que pudessem apresentá-la a homens solteiros. A maioria era formada por colegas de trabalho. Ela determinou um objetivo a alcançar: todos os dias, durante duas semanas, falaria a uma daquelas dez pessoas sobre sua marca pessoal. Ela se permitiu um período de quatro dias de descanso nessas duas semanas, caso não conseguisse entrar em contato com nenhum de seus dez alvos. É claro que essa propaganda tinha de ser bem sutil: ela não poderia chegar e, de repente, anunciar sua marca pessoal. O método de Ellen foi soltar algumas pistas indiretas durante conversas casuais. Por exemplo, um dia, ela e um de seus alvos estavam voltando do almoço e pararam para admirar uma linda e cara bolsa de couro exposta numa vitrine. Ellen comentou:

– Quando eu morava na Argentina, vi bolsas como essa pela metade do preço.

– É mesmo? – perguntou a colega. – Eu não sabia que você tinha morado na Argentina.

– Morei – respondeu Ellen. – Na verdade, morei em três outros países. Sou uma mulher internacional.

Mais tarde, na mesma conversa, Ellen fez referência a um telefonema que recebera de uma amiga na noite anterior. A referência sutil foi mais ou menos assim:

– Eu estava conversando com minha amiga Melissa ontem à noite e ela me disse: "Quero apresentar você a um homem que conheci no meu curso de espanhol. Eu disse a ele que você era uma arquiteta charmosa, com um passado internacional." Ele respondeu que eu parecia o tipo de pessoa que gostaria de encontrar; então, estou louca para saber mais sobre ele.

Essa menção "casual" demonstrou à colega de trabalho a maneira como Ellen é descrita pelas outras pessoas numa frase única e curta. Ellen ainda acrescentou, como se fosse uma reflexão tardia:

– A propósito, você se lembra de um algum homem desimpedido, que seja um bom sujeito, para me apresentar?

Na conversa com a colega de trabalho, Ellen utilizou a propaganda boca a boca para sua marca – explicou sua experiência internacional e repetiu como sua amiga Melissa a resumia: "Arquiteta, Charmosa, Internacional". Além disso, deu a entender que está aberta a apresentações quando se referiu à intenção da amiga de apresentá-la ao colega de curso. Depois tentou "fechar a venda", perguntando diretamente se a colega conhecia algum homem solteiro para lhe apresentar.

Se, no futuro, a colega de trabalho conhecer um homem solteiro e pensar em apresentá-lo a Ellen, ela terá algumas sementes plantadas na cabeça sobre como descrevê-la. É claro que nunca se pode ter controle absoluto sobre o que os outros vão falar a nosso respeito, principalmente na nossa ausência, mas Ellen fez o melhor que pôde para estimular a propaganda boca a boca através de sugestões sutis durante uma conversa.

PROPAGANDA DE IMAGEM

Como você já aprendeu aqui, a imagem que um produto projeta através da embalagem é muito importante. Agora, você está pronta para dirigir seu foco para a consistência, fazendo com que todos os elementos de sua embalagem estejam em sintonia com sua marca pessoal. Sem consistência de marca, você corre o risco de enviar mensagens desconexas e deixar "o cliente" confuso sobre quem você é. Use a seguinte lista de verificação para criar uma propaganda de imagem eficaz.

Lista de conferência da consistência

- **Estilo de roupas:** Você se veste como uma atleta? Uma artista plástica? Uma enfermeira? Isso é consistente com a sua marca pessoal? Por exemplo, se sua marca pessoal for "Intelectual, Católica, Enfermeira", imagino que você não vai querer sair por aí usando minissaia de couro e blusa transparente. O consistente seria usar roupas mais conservadoras, como calças pretas e blusas de tecido fino.
- **Óculos:** O que os óculos de sol ou de grau que você usa dizem a seu respeito? Conservadora? Sensual? Criativa? Por exemplo, se sua marca pessoal for "Criativa, Ruiva, Designer", acho que vai preferir *evitar* óculos com armações grandes e redondas, estilo Harry Potter. Eles seriam consistentes com sua imagem se fossem modernos e coloridos.
- **Acessórios:** Que tipo de sapato, chapéu, jóia e bijuteria você usa? Por exemplo, se sua marca pessoal for "Olhos

Azuis, Fazendeira, Criadora de Cavalos", acho que você *não* vai optar por sandálias de salto alto bem fino, mas seria consistente usar botas de couro.

- **Detalhes:** Seu carro, seu chaveiro, as fotografias que traz na carteira e sua bolsa de trabalho são consistentes com sua marca? Por exemplo, se ela for "Espontânea, Sensual, Corredora", imagino que você *não* vai querer dirigir um carro seguro e conservador, mas seria consistente possuir um carro esportivo e conversível.
- **Tópicos de conversa:** Você começa conversas que reforçam a sua imagem? Se sua marca pessoal for "Espírito Aventureiro, Amante da Natureza, Médica", imagino que prefira *evitar*, num primeiro encontro, falar sobre receitas de biscoitos e aquarelas. O ideal seria passar mais tempo falando sobre sua viagem à floresta amazônica e sua última missão de levar um suprimento de remédios para as populações ribeirinhas.
- **Mensagem na secretária eletrônica:** Como fez no Passo 3, Embalagem, para verificar o seu tom de feminilidade, ligue para a sua própria secretária eletrônica (no celular, no trabalho e em casa) e ouça suas mensagens. O seu tom de voz e suas palavras são alegres? Intrigantes? Por exemplo, se a sua marca for "Espirituosa, Sulista, Professora", acho que você *não* vai admitir que sua mensagem inclua erros de gramática e nem um tom de voz monótono, mas seria consistente deixar uma mensagem calorosa e mostrando o seu agradável sotaque sulista.
- **Endereço de e-mail:** Que imagem seu endereço de e-mail projeta? Use-o para reforçar sua marca. Se ela for "Graciosa, Arrebatadora, Decoradora", você poderia criar seu endereço de e-mail como cristina@xxxxx.com.br, mas seria mais consistente um novo como decoradoragraciosa@xxxxx.com.br.

CUSTOMIZE A PROPAGANDA DE IMAGEM

Embora você deva ser consistente quando anunciar sua marca pessoal, deixe-me fazer uma advertência: não há problema em customizar sua mensagem, ou seja, adaptá-la ao gosto do "freguês", para conseguir uma ligação emocional com o homem com quem estiver namorando. Um bom marqueteiro primeiro observa o que o cliente deseja, depois projeta um produto que vá ao encontro desses desejos. Todos nós temos um conjunto próprio de necessidades emocionais e, embora um homem possa sentir-se atraído imediatamente por sua marca, em geral é uma necessidade emocional que determina se uma ligação duradoura foi estabelecida. Por exemplo, um homem divorciado cuja mulher o traiu provavelmente precisa de uma mulher que manifeste fidelidade – alguém em quem possa confiar. Assim sendo, à medida que você conhecer melhor um candidato e for identificando suas necessidades emocionais importantes, adapte sua mensagem de propaganda no sentido de ressaltar um quarto atributo que também seja verdadeiro a seu respeito. Nesse caso, seria "Fiel" ou "Digna de Confiança", se soar verdadeiro em você, pois essa é a necessidade emocional básica do homem divorciado desse exemplo. O quarto atributo selecionado vai sofrer mudanças de acordo com cada indivíduo com quem você sair. Essa é uma estratégia de mercado básica: "Encontre uma necessidade e tente supri-la."

É óbvio que é preciso ser honesta consigo mesma e com ele quanto à sua capacidade de atender às necessidades emocionais de ambos. Se você for do tipo "mandona" e o verdadeiro motivo que levou seu atual namorado a terminar o último relacionamento foi o fato de a mulher ser dominadora em excesso, você não é a pessoa que ele procura. Provavelmente, ele precisa de uma parceira mais acomodada ou passiva. Pratique a "verdade na publicidade", pois as cores verdadeiras sempre acabam aparecendo. Se criar um falso anúncio, vai acabar perdendo o seu tempo numa relação fadada ao fracasso, além de partir o seu coração e o dele.

É uma idéia interessante aprender a customizar sua propaganda de imagem antes de aplicá-la ao seu próximo namorado. Experimente fazer uma lista de três homens: pessoas com quem saiu, ex-namorados ou mesmo ex-maridos. Depois, identifique a necessidade emocional básica de cada um. Volte à lista de atributos que preencheu no Passo 5, Marca, para verificar se suas características de personalidade supririam as necessidades dos três escolhidos. A lista de Nora, uma de minhas clientes, ficou assim:

Nome	Necessidade emocional básica	Minhas qualidades (caso existam) para supri-la
Colin	alguém que o ame por si mesmo e não pelo dinheiro que possui	não-materialista
Michael	alguém estável	madura, "pé no chão", consistente
Sam	alguém maternal, que tome conta dele	nenhuma (não sou do tipo maternal)

Por exemplo, assim que percebeu que a necessidade básica de Colin era alguém que o amasse por si mesmo e não pelo dinheiro, Nora poderia ter feito um esforço para "anunciar" que não era materialista. Isso poderia ser acompanhado de uma série de pequenos gestos. Quando estivessem passando algum tempo juntos, ela sugeriria um piquenique ou uma caminhada, e não um restaurante caro. Mencionaria que seu chocolate favorito era uma caixa de Bis e não da caríssima Godiva. Teria sido fácil para Nora enfatizar esse aspecto porque ela não era mesmo materialista. Se Colin soubesse disso no início, o relacionamento teria sido diferente, mas ele parou de procurá-la antes que ela pudesse comunicar essa característica de sua personalidade.

Que lição tiramos dessa história? Tente identificar as necessidades emocionais ou sensibilidades básicas dele o mais cedo possível, decida se é capaz de supri-las e – se for capaz – adapte imediatamente a sua propaganda de imagem ao gosto do cliente. Acredito que um homem voltado para o casamento está à procura de uma mulher que o complete emocionalmente e toma decisões rápidas quanto a voltar a procurá-la com base em dados iniciais e fortuitos: as pequenas atitudes ou comentários que observa, que podem ou não refletir a verdadeira personalidade da mulher.

Após analisar a lista de Nora, organize a sua lista de três homens do passado e suas necessidades emocionais básicas. Passe algum tempo refletindo sobre isso. Então, da próxima vez em que tiver um encontro, comece a praticar essa nova habilidade de customizar sua propaganda de imagem, tentando fazê-lo perceber o quanto você se encaixa no perfil de mulher que ele procura, suprindo sua principal carência emocional. A identificação dessa carência pode exigir a sagacidade de um detetive. Em geral, as necessidades de um homem revelam-se como uma reação contra a última namorada, a mãe ou a ex-mulher. Elas também podem derivar de relacionamentos positivos com mulheres que fizeram parte de sua vida. Algumas vezes resultam de sua própria insegurança. Mas a maioria dos homens tem uma necessidade predominante que você precisa se esforçar para identificar logo nos primeiros encontros. Se puder satisfazê-las, faça a sua propaganda. Se não puder, faça com que ele fique ciente disso. Não fique perdendo o seu valioso tempo.

O TESTE DE LEMBRANÇA DA MARCA

Quando você colocar em prática os métodos de propaganda deste capítulo, logo verá se fez a escolha certa de sua marca pessoal. As pessoas devem ser capazes de se lembrar dela sem dificuldade e repeti-la para os outros com eficácia. É claro que sua marca deve soar verdadeira para quem a ouvir. Se escolheu algum atributo que esteja em desarmonia com a visão que você mesma e os outros têm da sua pessoa, vai logo descobrir isso. Sua primeira pista será o fato de as pessoas se mostrarem surpresas diante de sua marca ou não se lembrarem dela. Você pode ter o *conceito* certo do atributo escolhido, mas talvez tenha optado por uma palavra difícil de se lembrar. Se escolher a característica "Arguta" e perceber que as pessoas a estão descrevendo como "Esperta", pode ser que a palavra seja enigmática demais.

Se você perceber, durante este passo, que sua marca está com dificuldades (as pessoas não se lembram da mensagem da propaganda), volte depressa ao Passo 5, Marca, e faça as mudanças necessárias antes de seguir em frente com as três estratégias de propaganda descritas neste capítulo.

Como saber se a marca está funcionando?

Você sabe quando uma marca *não* está funcionando se as pessoas parecem surpresas diante dela, não se lembram dela ou quando ela *está* atraindo o tipo errado de candidato. Você vai saber que ela está dando certo quando o oposto começar a acontecer: as pessoas demonstrarem um entusiasmado reconhecimento quando ouvirem as características que a descrevem, lembrarem-se de sua marca com facilidade e os homens adequados forem atraídos por ela. Você vai perceber que as pessoas irão convidá-la para eventos específicos ou passarão a incluí-la em conversas sobre temas relevantes para a sua marca.

Por exemplo, minha cliente Anne (a mesma descrita no Passo 4, Expansão de Mercado) selecionou "Amante de Montanhismo" como parte de sua marca pessoal. Um dia, antes de encontrar Phil, ela me telefonou bastante agitada para me contar a seguinte história: "Eu estava caminhando pelo escritório e vi um grupo de colegas conversando. Um deles me chamou e disse: 'Anne, venha ouvir isso. O Joe acaba de voltar de viagem e está nos contando sobre a escalada que fez ao Pikes Peak, no Colorado.'" Anne ficou eufórica: "Deu certo! Ninguém no escritório sabia da minha paixão por montanhismo até que comecei a fazer propaganda de minha marca, no mês passado. Aparentemente, eles ouviram o meu anúncio por aí e agora pensam em mim quando ouvem uma história sobre o assunto. Quem sabe alguém não me convida para uma viagem de montanhismo no futuro e eu acabe conhecendo pessoas interessantes?"

PASSO 7

MARKETING ON-LINE

Seja eficiente

O QUE APRENDI NA HARVARD BUSINESS SCHOOL

Se você quiser obter sucesso nos negócios, precisa vender seu produto com *eficiência*. Isso significa colocar seu produto e sua mensagem ao alcance do maior número de pessoas possível, da maneira mais rápida e com o menor custo. O mundo dos negócios descobriu na Internet uma eficiente ferramenta de vendas. O comércio on-line oferece rapidamente um público enorme a custo baixo: é algo grande demais para ser ignorado. Onde mais se poderia alcançar grupos específicos em poucos segundos? Onde mais se poderia criar numerosas frentes de mercado virtuais, mantendo um controle imediato sobre a imagem de sua loja, aceitando pedidos 24 horas por dia e enviando diferentes mensagens para diferentes públicos (e sabendo imediatamente quais delas funcionam e quais devem ser trocadas)? Mais do que em qualquer outra área, pela Internet é possível alavancar seu conhecimento do mercado e sua dotação orçamentária de maneira eficaz. Assim mesmo, o sucesso não está garantido nesse mundo cibernético de vasto potencial. Como sempre, é preciso utilizar estratégias inteligentes e customizadas de acordo com as nuances das transações on-line.

POR QUE O NAMORO PELA INTERNET É CRUCIAL DEPOIS DOS 35

Para algumas de vocês, estarei repetindo o que já sabem: muitas já estão namorando pela Internet há algum tempo e já conhecem as vantagens (e desvantagens) do meio. Outras mulheres podem ver na Internet um território assustador ou habitado por gente cafona. Ou talvez considerem as pessoas que colocam anúncios pessoais na Internet como "derrotadas" ou "desesperadas". Ou, ainda, têm evitado os namoros on-line porque amigos relataram experiências negativas nessa área.

Mas estou aqui para lhe dizer que você é tola se não começar a namorar pela Internet. É a melhor estratégia para maximizar suas chances de arranjar marido. Hoje em dia, namoros on-line são socialmente aceitos, altamente populares e usados por pessoas de todas as idades e tipos. Em julho de 2003, mais de 45 milhões de adultos dos Estados Unidos entraram em salas de bate-papo, segundo dados da ComScore Media Metrix. No Brasil, estima-se que mais de 4 milhões de pessoas estejam inscritas em sites de relacionamento. De acordo com estatísticas do ParPerfeito, o maior site de relacionamento da América Latina, 20% das pessoas cadastradas têm mais de 35 anos. Quando se considera uma faixa etária mais ampla, a partir dos 25 anos, esse número sobe para 49%. Por isso, esse passo é um *imperativo* para qualquer solteira acima dos 35! Na verdade, se você pretende usar apenas um passo do *Programa*, deve ser este. Isso mostra o quanto confio nele. Você está lendo este livro porque deseja mudar a sua situação, certo? Namoros on-line são um meio poderoso de fazer isso.

Não consigo nem calcular quantas mulheres me procuraram para dizer: "Tentei namorar pela Internet e não deu certo." Em cada um desses casos, descobri que o motivo era o fato de não estarem agindo da maneira *correta*. Neste capítulo, você vai aprender o que fazer. Em primeiro lugar, para qualquer pessoa que ainda resista à idéia de namoros on-line, deixe-me explicar por que essa é uma atividade crucial:

1. **Alto volume:** Namorar é como uma loteria, e na Internet suas chances aumentam porque você consegue alcançar rapidamente um volume inigualável de homens, dos mais diversos tipos e que moram em cidades, estados e até países diferentes. Se você vive numa cidade grande, um amplo serviço de relacionamentos on-line pode ter milhares de homens disponíveis a menos de 40 quilômetros de distância de você... todos enfileirados e prontos para conhecê-la.

2. **Rápido:** As pessoas que estão com pressa de encontrar alguém e que têm uma vida ocupada fora do âmbito sentimental devem lembrar-se de que o serviço de namoro on-line é ultrarápido. Você terá a oportunidade de conhecer e interagir sem demora com muitos bons candidatos.

3. **Barato:** Atualmente, um serviço de encontros on-line custa, em média, entre 10 e 30 reais por mês, e o retorno é maior do que o conseguido com uma enorme quantia gasta em outros serviços muito mais caros. Alguns sites permitem o cadastro gratuito, mas você não terá acesso a todos os recursos disponíveis.

4. **Conveniente:** Se você estiver cansada após um longo dia de trabalho (seja no escritório ou em casa, cuidando dos filhos), pode relaxar e descobrir quem anda por aí sem sair do conforto de sua casa. E não está restrita a conhecer homens somente nos fins de semana. É possível conhecer e interagir com candidatos durante o dia, até mesmo no escritório. Namoros on-line estão abertos 24 horas por dia, sete dias por semana. E o melhor é que podemos usar calças de moletom confortáveis quando estamos na Internet. Ampla rede: isso é que é ampliar a rede (sem trocadilho)! O namoro on-line lhe dá a oportunidade de entrar em contato

com novos grupos de homens fora de seu círculo social. Você pode se valer do fato de ficar anônima e das facilidades oferecidas pelo e-mail para explorar novos perfis de candidatos.

5. O que é importante: Na verdade é um método antigo que voltou a ser utilizado. Homens e mulheres usam a palavra escrita para se conhecerem. É verdade que, primeiro, vocês vêem uma pequena fotografia um do outro, como um mecanismo de seleção, mas a aparência física não age como uma barreira para que um conheça o que é realmente importante sobre o outro. Você tem a chance de se conectar com alguém num nível mais profundo (pensamentos e sentimentos) e não apenas num nível superficial (aparência).

6. Melhor proporção: Você sabia que mais homens do que mulheres estão buscando namoros na Internet? É verdade. Isso tende a mudar no futuro, mas a proporção atual é de 55% de homens para 45% de mulheres on-line. Como a proporção entre homens e mulheres passa a agir contra você depois dos 35 anos, seria loucura perder uma oportunidade de aumentar suas chances.

7. Anonimato: Os homens podem mandar e-mails para você, mas os sites de relacionamento nunca permitem que eles saibam o seu verdadeiro nome, endereço ou qualquer outro detalhe sobre a sua vida que você mesma não tenha incluído na descrição do seu perfil. É claro que o fato de publicarem fotografias faz com que você não seja completamente anônima, mas pelo menos ninguém pode entrar em contato com você sem a sua permissão. Cabe a você decidir se deseja responder, *o que* deseja revelar, *quando* e *onde* estará pronta para um encontro.

CHEGA DE DESCULPAS

Acabei de lhe oferecer sete bons motivos para começar a namorar pela Internet. Como já disse na Introdução, não há lugar para desculpas no *Programa*. Você não tem computador em casa? Use a sua dotação orçamentária para comprar um que não seja caro, fique até mais tarde no escritório, vá à casa de uma amiga ou a um café que ofereça acesso à Internet. Não sabe escanear uma fotografia para anexar ao seu perfil? Existem instruções fáceis, passo a passo, em todos os sites. Não tenho facilidade para lidar com essa nova tecnologia, mas fiz isso em cinco minutos para uma de minhas clientes. Você também pode pedir ajuda a alguém ou, simplesmente, mandar sua foto pelo correio (muitos sites oferecem essa opção).

Você ainda encara como um "ato de desespero" colocar um anúncio on-line? Posso compreender sua relutância porque não parece muito natural. Porém, assim que começar, vai colocar de lado essa idéia e perceber que é apenas uma novidade dos dias atuais. Os homens interessantes que você poderá encontrar também optaram pela Internet, por isso vocês estão "navegando" no mesmo barco. Todas as minhas clientes me dizem que é uma enorme massagem no ego abrir a caixa de mensagens e receber e-mails de homens que desejam conhecê-las melhor.

Ainda hesitante? Volte ao Passo 1 e pergunte a si mesma se está disposta a fazer qualquer coisa que não seja imoral ou ilegal para arranjar marido. Em relação às estratégias deste livro, essa não é tão ousada (espere até chegar ao Passo 10, Telemarketing!). De acordo com um artigo do jornal *USA Today*, "a única razão pela qual o namoro via Internet demorou tanto a se popularizar é que a nossa cultura acredita que o amor é acidental – ele acontece sem qualquer planejamento, nunca intencionalmente". Por isso, seja bem-vinda ao *Programa!*

OBJETIVOS DO NAMORO PELA INTERNET

São cinco os objetivos principais que você deve enfocar para ter sucesso nos namoros on-line. Lembre-se deles quando se aventurar pelo ciberespaço:

1. **Ser única:** Como há muitas outras mulheres namorando na Internet, é preciso esforçar-se para ser única e sobressair-se na multidão.

2. **Despertar curiosidade:** Os homens navegam pelos perfis rapidamente. É preciso despertar a curiosidade deles para que leiam mais sobre você e resolvam contatá-la após uma rápida olhada em sua fotografia.

3. **Criar volume:** Quanto mais homens escreverem, mais escolhas você terá. Queremos ver a bola do seu lado da quadra. A última parte deste capítulo vai abordar a seguinte questão: a mulher deve ser a primeira a mandar um e-mail para o homem?

4. **Ser eficiente:** Namorar pela Internet pode exigir bastante dedicação. É preciso criar sistemas e estratégias capazes de rastrear os homens que estão ali para levar a escolhas inteligentes. Utilize sites de relacionamento que ofereçam as ferramentas mais fáceis e modernas para alcançar eficiência. E só comece a namorar on-line quando tiver mais tempo livre em sua vida. Não envie seu perfil quando estiver na época mais estressante do trabalho, por exemplo.

5. **Encontrar um marido:** É óbvio!

PESQUISA DE MERCADO

Isso mesmo, outra vez! Espero que você não esteja cansada de investir seu tempo em boas pesquisas, pois essa é sempre uma fase decisiva de qualquer negócio. É preciso fazer pesquisas para adquirir informações importantes e aumentar a competitividade. É preciso conhecer o mercado on-line. Saber o que está ali – o que é bom e o que é ruim. Isso significa passar uma quantidade de tempo significativa diante de um computador (talvez duas horas ou mais), navegando pelos perfis de homens e mulheres inscritos nos sites de relacionamento.

Minha sugestão é começar com um site bastante abrangente, que possa fornecer o maior número de pessoas para a sua pesquisa. A propósito, essa pesquisa é gratuita. Você pode explorar perfis na maioria dos sites de relacionamento sem pagar nada. Em geral, só são cobradas taxas se você quiser se corresponder diretamente com os inscritos. Inicie a sua conexão com "Eu sou um homem procurando uma mulher", para sondar o perfil da concorrência. Indique uma faixa de idade entre 10 anos mais nova e 10 anos mais velha que você e escolha um estado. Passe cerca de uma hora examinando os perfis femininos que aparecerem na tela. Se você fosse homem, o que mais apreciaria? E o que mais detestaria? O que faz uma mulher se destacar entre as outras? O que a impeliu a ler algum perfil com maior interesse? Anote o que observar.

Repita o mesmo processo escolhendo um estado diferente. Experimente cidades maiores e pesquise lugares mais distantes. Seu objetivo é descobrir se existem abordagens diferentes e criativas adotadas por mulheres em outras regiões do país.

Depois, volte para a página inicial e conecte-se com "Eu sou uma mulher procurando um homem". Agora é hora de concentrar-se naquilo que os homens desejam encontrar. Acho que você vai ficar surpresa, mas veja por si mesma. Os homens se anunciam da mesma maneira que as mulheres o fazem? Quais são as diferenças? Como eles descrevem o tipo de mulher que procuram? Passe mais uma hora revendo os perfis masculinos e anote o que descobrir.

Mesmo que você já esteja namorando pela Internet, é

importante desenvolver e manter atualizado o seu conhecimento sobre esse método de namoro. Ele muda muito depressa e há muitas nuances sutis para se obter sucesso.

COMO CONSEGUIR RESULTADOS ON-LINE

Um dos princípios fundamentais do *Programa* é gerar volume, por isso é natural que você queira estar onde a maioria dos homens estiver. Procure um site bem conhecido e cujo objetivo seja juntar homens e mulheres para relacionamentos sérios. Assim, você estará maximizando suas chances de encontrar um marido. Para se inscrever, você precisa criar um "perfil" e incluir o pagamento mensal na sua dotação orçamentária.

Seu perfil vai consistir num apelido, numa fotografia, numa descrição de si mesma e no tipo de homem que está procurando. O segredo aqui é colocar suas informações de tal maneira que você se faça notar quando os homens estiverem navegando. A maioria dos homens com quem conversei é muito consistente quanto à maneira utilizada para localizar alguém num site de relacionamento. Eles descrevem um processo simples de varredura para chegar a uma possível candidata: selecionam a faixa de idade e a localização das mulheres que gostariam de conhecer, analisam a fotografia ("Ela me atrai?") e lêem o apelido e a chamada do anúncio ("Estou curioso para saber mais?"). Se a resposta a ambas as perguntas for "sim", seguem em frente com a leitura sobre a candidata (o perfil delas e o perfil "deles" – o que ela está procurando) e decidem se devem ou não iniciar um contato por e-mail. Por tudo isso, vemos que alcançar resultados depende de como você vende a sua imagem por intermédio de sua fotografia, seu apelido, a chamada ou título do anúncio, seu perfil e o perfil de quem você procura.

FOTOGRAFIA

Vamos começar pelo elemento mais importante: a sua fotografia. Mais uma vez, gostaria que não fosse assim, mas a verdade é que os homens são muito visuais e aparência é um aspecto fundamental. A foto é o primeiro elemento de varredura utilizado por eles.

Você já leu sobre a importância da aparência no Passo 3, Embalagem, e já observou isso na vida em geral. O que vai fazer a respeito? Bem, após concluir, com toda a razão, que os homens são superficiais, você deve ter certeza de que está utilizando o melhor retrato que já tirou em toda a sua vida! Talvez você não possua uma ótima foto recente, então invista tempo e dinheiro (desconte de sua dotação orçamentária) para providenciar uma. Pode utilizar os serviços de um fotógrafo profissional (caro), um quiosque de fotos instantâneas (mais barato) ou um amigo que entenda de fotografia (praticamente de graça).

Para tirar a foto, quero que você vista uma roupa "arrasadora" e feminina (linhas leves nos ombros, sem aspecto de mulher de negócios), escolha uma cor vibrante que destaque seus olhos e cabelos (não use branco para não se misturar ao fundo) e vá ao cabeleireiro e ao maquiador (ou pelo menos passe uma hora inteira se arrumando). Uma fotografia do seu rosto com um sorriso cordial e confiante é perfeita. Não use uma foto de corpo inteiro porque ficará difícil ver seu rosto com clareza. A fotografia vai aparecer inicialmente na tela do computador de um candidato numa caixa pequena. Se você utilizar uma fotografia de corpo inteiro, sua cabeça será uma minúscula mancha! Mesmo que tenha um corpo espetacular, esse não é o melhor lugar para exibi-lo (você está procurando um marido, não uma noitada!). Assim sendo, expressões sensuais e "convidativas", roupas reveladoras e poses do tipo mulher fatal estão proibidas.

Todos esses elementos são vitais para a eficácia de uma fotografia on-line. Você precisa transmitir uma impressão rápida e positiva, porque, enquanto navegam, os homens levam cerca de três segundos para decidir se vão ler mais ou não. Certamente você não precisa ser linda para conseguir uma ótima fotografia, mas invista para fazer o melhor que puder.

Já posso ouvir os protestos: "E a aparência *verdadeira?* Não quero mandar uma foto 'perfeita', na qual pareço mais bonita do que sou. Não quero ver a decepção na cara dele quando nos encontrarmos pela primeira vez." Você tem toda razão! É por isso que você não vai usar somente uma foto, mas duas ou três. Vários sites têm uma foto "de frente" (onde você vai colocar aquela maravilhosa que acabamos de descrever), além da opção "Clique para mais fotos". Ali, você pode acrescentar uma segunda ou terceira foto que mostre o seu visual do dia-a-dia.

Mas é óbvio que ainda vai precisar causar uma impressão favorável, por isso capriche também nessas fotos. Não é preciso ir ao cabeleireiro, mas esteja penteada e maquiada. Se estiver acima do peso, pense em colocar uma fotografia de meio-corpo ou de corpo inteiro para trabalhar as expectativas dos candidatos. Nem é preciso dizer para evitar olhos vermelhos ou imagens borradas. Você pode gerar as respostas mais "qualificadas" com uma mistura de fotografias aprimoradas e realistas de si mesma. E não se esqueça de sua marca pessoal. Suas fotos devem ser consistentes com suas qualidades: tirar uma fotografia numa quadra de tênis é ótimo se você é "Jogadora de Tênis"; fotos ao lado de uma estante de livros só fazem sentido se você for uma "Intelectual".

Não recomendo o uso de fotografias com filhos ou animais de estimação. Lembre-se de que você quer ampliar sua rede e gerar um alto volume de respostas qualificadas, de maneira a ter uma enorme gama de homens para escolher. Crianças e animais não agradam a todos à primeira vista. E se você colocar uma foto sua com seu cachorro e o homem mais maravilhoso do mundo a vir, sentir-se atraído por você, mas detestar cães? Você poderia responder: "Então ele não serve para mim!" Mas, na verdade, à medida que ele fosse conhecendo e se apaixonando por você, poderia acabar gostando do seu cachorro também. Ele pode não gostar de cães em geral, mas pode aprender a gostar do *seu* animal. Não crie barreiras iniciais que deixem seu Príncipe Encantado na dúvida.

RESUMO DO QUE SE DEVE FAZER E EVITAR QUANTO À FOTOGRAFIA PARA PUBLICAÇÃO ON-LINE

Faça:

- Use uma fotografia maravilhosa na abertura do seu perfil.
- Escolha uma segunda ou terceira foto que seja mais "real", porém boa.
- Vá a um salão para arrumar o cabelo e fazer a maquiagem para a fotografia principal do anúncio.
- Pareça feminina.
- Mostre um sorriso afetuoso e confiante.
- Use uma blusa de cor vibrante.
- Integre a sua marca às fotos, se possível.

Evite:

- Usar roupas que a deixem com aparência masculina, de mulher de negócios.
- Usar roupas reveladoras ou do tipo mulher fatal.
- Olhares de mulher fatal e expressões faciais "convidativas".
- Incluir crianças e animais de estimação.
- Usar fotografias de corpo inteiro.
- Enviar fotos borradas.
- Fotografias com olhos vermelhos.

APELIDO E CHAMADA DO PERFIL

Se você for nova nos namoros on-line, o apelido (ou "nome do usuário") é um nome que você atribui a si mesma no site para proteger sua privacidade e receber e-mails. A chamada do perfil é uma frase ou grupo de adjetivos que aparece acima de sua foto na maioria dos sites. Ela deve fornecer um resumo rápido de quem você é, transmitir alguma idéia a seu respeito. Em geral existe um número máximo de caracteres que podem ser usados em seu apelido e na chamada, o que indica que é preciso ser sucinta.

Como você já sabe, é extremamente importante ter uma marca que a diferencie da concorrência. Esse ponto é vital nos namoros pela Internet, pois os homens passam rapidamente por centenas de perfis ao mesmo tempo e fazem seleções em segundos. É como um deserto on-line: tudo é monótono, comum e chato. Vou lhe ensinar como um bom marketing pode fazê-la sobressair-se na varredura masculina.

O que é um marketing ruim?

Ou, melhor dizendo, o que *não* desperta a curiosidade dos homens que valem a pena? Apelidos exageradamente comuns ("Mulher Madura"), obscuros ("Grão-Mestre"), sensuais ("Belo Decote") ou açucarado ("Doçura Morena"). E chamadas exageradamente maçantes ("Mulher honesta procura homem honesto"), cáusticas ("Ainda há homens honestos por aí?"), loucas para casar ("Procurando um Príncipe Encantado"), estranhas ("Traga uma calçadeira"), pretensiosas ("Sou aquela que você procura") ou banais ("Mulher simpática e inteligente"). Aliás, todos esses apelidos foram tirados dos sites de relacionamento que consultei.

O que é um bom marketing?

Ou, melhor dizendo, o que *desperta* a curiosidade dos homens? Apelidos fora do comum ("Malagueta"), intrigantes ("Encanto do

Norte") e atraentes ("Olhos Oceânicos"). E títulos envolventes ("1,59m, Olhos Violeta"), otimistas ("Vida Nova"), engraçadas ("O que acontece quando se mistura Katharine Hepburn com Lucille Ball?") e provocantes ("Espirituosa, elétrica, curvilínea").

Não acelere a criatividade só para se livrar da tarefa. O processo pode levar dias até você chegar a um resultado realmente bom. Concentre-se em sua marca, peça ajuda a amigos inteligentes e analise suas anotações sobre a pesquisa de mercado que você fez no início deste capítulo. Você pode criar alguma coisa diferente tendo como base algum apelido ou chamada que a tenham agradado.

QUATRO PESSOAS

O perfil é a parte do anúncio onde você deve, de alguma maneira, descrever a si mesma. Você tem vários objetivos a alcançar com o seu perfil. Em geral é exigido um mínimo de 100 caracteres, mas acho que 250 é a medida certa (não muito detalhado e não muito impetuoso). Você ficaria surpresa se visse quantas mulheres usam de mil a três mil caracteres! Esse não é o lugar certo para expor seus sentimentos mais profundos, listar tudo o que você admira ou detesta e, principalmente, revelar o conteúdo de sua bagagem. Vi muitos perfis nos quais a mulher escreveu: "Preciso perder uns quilinhos...", ou "Se você for capaz de lidar com minha filha adolescente...", "Já tive muitas decepções nessa vida...". Não crie uma barreira que poucos homens se sintam dispostos a vencer. Deixe para mais tarde, quando ele já estiver apaixonado. Além disso, não escreva o que *as mulheres* gostariam de ler ("Amo o pôr-do-sol e o aconchego..."): se você está procurando um marido, escreva para a platéia *masculina*.

Então qual é a melhor abordagem? Seja breve, positiva e diferente. E o mais importante: faça um esforço para atiçar a curiosidade e levar os homens a lerem *mais*. Aqui está o exemplo de um perfil que acho ótimo:

> *Descreva a si mesma:* Não sou aquela mulher típica de San Diego. Prefiro uma tarde no teatro do que na praia, ou passar a manhã de domingo lendo, em vez de andar de bicicleta. Você vai ficar surpreso ao saber que já fui campeã de hula-hula! Os homens me consideram "Atraente", "Criativa" e "Experiente". Os amigos confiam em mim e sabem que podem me contar seus segredos.

Esse perfil cumpre vários papéis. Ele ressalta algo diferente sobre a mulher: ela *não* segue padrões, mas seus interesses não são tão ousados que possam afastar os homens (por exemplo, ela não disse que aprecia lutas de sumô ou que adora brincar com seu iguana de estimação). Seu foco é ser única em sua região (teatro e leitura chamam a atenção em uma cidade como San Diego, embora sejam lugar-comum em Manhattan), com interesses que têm conteúdo e não são estapafúrdios. De repente, ela muda um pouco o caminho: quantas mulheres podem dizer que são campeãs de hula-hula, a dança havaiana? Ela usa a terceira pessoa (Os homens me consideram...) para referir-se, com "modéstia", às suas características especiais. E termina com uma confirmação de que é alguém em quem se pode confiar, o que é muito tranqüilizador quando se conhece alguém pela Internet, além de ser um traço de caráter que todos gostariam de encontrar num companheiro (mas dito sem parecer melosa). Acima de tudo, ela se mostra positiva sobre si mesma. Não sei o que você achou, mas eu ficaria curiosa e gostaria de saber mais sobre ela!

Tente sempre evitar comentários genéricos. Se os seus interesses são comuns, como ler ou fazer ginástica, você pode torná-los mais memoráveis divulgando alguns detalhes. Em vez de apenas dizer que gosta de ler, revele o tipo de livro ou os autores de sua preferência. Mas lembre-se de que seu público-alvo são os homens, por isso não louve Virginia Woolf ou Danielle Steel. (*Observação:* O perfil dessa mulher de San Diego dizia apenas "passar a manhã de domingo lendo" para diferenciá-la do estereótipo da cidade praiana; por isso, nesse exemplo, ela não precisou de detalhes sobre autores.)

Faça sua própria análise de perfis que considere ou não eficazes durante sua pesquisa de mercado. Cada uma de nós tem uma personalidade diferente e precisa encontrar um estilo com o qual se sinta à vontade. Mas não deixe de salientar as três qualidades de sua marca pessoal. Como boa marqueteira, deixe os homens desejosos de saber mais quando terminarem a leitura.

O PERFIL "DELE"

O perfil "dele" é a parte do anúncio na qual você precisa descrever o que procura num homem. O erro mais comum que observo é quando as mulheres criam uma lista de características fantasiosas sobre o homem que gostariam de conhecer. Como vimos no Passo 4, Expansão de Mercado, os homens que já passaram de certa idade são "reais" e carregam uma bagagem repleta de fracassos e imperfeições, exatamente como você. Por que criar uma lista fantasiosa quando a chance de que essa pessoa exista é de 1%? Você não vai receber muitas respostas se sua lista for amedrontadora ou se colocar obstáculos quase intransponíveis. A única coisa que vai conseguir é afastar uma infinidade de homens admiráveis que teriam o poder de conquistar seu coração. Se estiver em busca de amor e felicidade, você precisa procurar uma ligação emocional com alguém que possa vir numa embalagem completamente diferente daquela que idealizou. A sua estratégia é criar volume. Então, dê a si mesma a possibilidade de avaliar inúmeras opções e, mais tarde, se quiser, ainda vai poder apertar a tecla "delete". Aqui está um exemplo de um ótimo perfil:

> *O que você está procurando:* Estou procurando alguém especial. Estou aberta a muitas possibilidades quanto ao tipo de embalagem na qual ele estiver guardado. Generosidade e força de caráter são qualidades que admiro. Quando comprei um carro na semana passada, preferi uma pick-up a um conversível.

Esse perfil destina-se a atrair um homem consistente, concorda? Ele amplia a rede e deve garantir um grande volume de respostas positivas. É curto, mas ilustrativo. Seu estilo é envolvente, o que significa que não é monótono ou genérico. Os homens se identificam com a analogia do carro: você preferiu o sólido ao vistoso. E retrata a mulher como alguém que tem conteúdo (por conseguinte, encorajando *homens* com conteúdo a responder). Acredito que, com esse perfil, a mulher consegue estimular várias respostas que incluirão boas opções. Por isso seja breve, criativa, e não jogue fora candidatos em potencial. Lembre-se de que você não é obrigada a se encontrar com todos os que lhe enviaram e-mails.

MAIS ALGUMAS IDÉIAS

Neste passo, você viu que namorar pela Internet não é algo que deva ser feito num repente. Como tudo o que é importante na vida, é preciso fazer um esforço e preparar-se para conduzir o processo da maneira certa. Aqui estão algumas idéias que poderão ser úteis quando você estiver se preparando para debutar no mundo cibernético:

- **Não tenha pressa:** Tenho clientes que me dizem que "sentaram num domingo e se inscreveram num site de relacionamentos". Posso afirmar imediatamente que tudo o que escreveram será ineficaz. Inscrever-se num site de relacionamentos deve ser o resultado de um trabalho que inclui estratégia, esforço coordenado e reflexão. Um apelido que seja ímpar, atraente e cativante não aparece na sua cabeça sem mais nem menos. O mesmo vale para a chamada e os perfis – isso sem falar da preparação das fotografias. Revise o seu anúncio com sua Mentora e até mesmo com algumas amigas mais íntimas.

- **Prepare-se para ter um tempo livre:** Quando você publicar seu anúncio pela primeira vez, em geral terá um símbolo que significa "nova" junto à sua fotografia durante algumas semanas. Muitos homens observam sempre as novas candidatas que se inscreveram. Isso costuma resultar numa súbita chuva de respostas para você, principalmente se sua fotografia for atraente. Uma de minhas clientes recebeu 40 e-mails nos dois primeiros dias, isso sem contar os muitos pares compatíveis que o próprio site lhe envia automaticamente – perfis de homens que estejam de acordo com os critérios que você listou. Para a maioria das mulheres, esse volume enorme de respostas dura uma ou duas semanas, depois diminui até tornar-se mais fácil de manejar. Você vai precisar de tempo para fazer uma análise desses homens, responder aos mais interessantes e, então, assim esperamos, conhecer alguns pessoalmente. O volume pode ser esmagador, por isso planeje um tempo para dedicar-se ao processo, levando em consideração o que estiver acontecendo em sua vida no momento.
- **Diversifique:** Você nunca deve colocar todos os ovos na mesma cesta. À medida que for ficando mais à vontade com o volume de e-mails, ou se quiser apenas ampliar suas opções, selecione outros serviços de namoro on-line para utilizar (consulte o Apêndice para algumas opções). Nunca se sabe em qual site o seu futuro marido está inscrito. Assim sendo, procure em mais de um lugar. Participar de dois ou

três sites é uma boa idéia, desde que você se mantenha ligada a um site que seja bem abrangente. Como o custo não é alto, vá descontando de sua dotação orçamentária. Se encontrar um homem especial e começar um relacionamento sério, você sempre pode pedir que seu perfil seja retirado temporariamente (ou, se você tiver sorte, para sempre) do site, para que o gasto não se torne excessivo com o passar do tempo.

- **Não exagere:** Embora você deva se esforçar para ser ímpar e atraente, não é bom exagerar suas qualidades na fotografia ou no perfil, a ponto de fazer com que o candidato se sinta decepcionado ao conhecê-la pessoalmente. Além disso, ninguém gosta de pessoas presunçosas. Tente achar um ponto de equilíbrio – mostrar-se atraente sem se comparar a Jennifer Aniston ou a Audrey Hepburn. O melhor que pode acontecer no primeiro encontro é que ele tenha uma surpresa agradável. Essa reação dará um tom alegre à conversa.
- **Use todas as ferramentas disponíveis:** A evolução dos namoros on-line tem sido tão rápida quanto a velocidade da luz. Os melhores sites estão sempre adicionando ferramentas novas, tornando a busca por informações mais fácil, eficiente e acelerada. Quando se inscrever em algum site, dedique um tempo para descobrir as ferramentas que ele lhe oferece e não deixe de fazer comparações com outros sites. Por exemplo, alguns especialistas da área acreditam que o "namoro por vídeo" será o detalhe mais importante nos namoros on-line do futuro. Perfis em vídeo já são oferecidos por alguns sites. Se perceber que o perfil de um homem inclui um vídeo, não deixe de utilizá-lo. Isso vai lhe dar mais informações sobre seu comportamento e sua voz, ajudando-a a fazer uma seleção entre um grande volume de respostas. (Mas cuidado para não fazer julgamentos apressados!)

- **Mantenha um diário:** É difícil guardar na memória todo esse volume de informações on-line. Uma vez que você vai se comunicar várias vezes com inúmeros inscritos (incluindo e-mails, telefonemas e encontros), é melhor manter um diário. Qualquer caderno serve. Imprima cada e-mail ao qual você responder, grampeie numa página do seu diário e acrescente anotações à mão depois de cada telefonema e de cada encontro. Arquive tudo pelo apelido dele e anote informações básicas, tópicos gerais de conversas que tiveram, qualquer característica singular que descobriu sobre ele e o que você gostou ou não sobre o sujeito. Nada pode fazê-la parecer menos sincera do que confundir um homem com outro. Dependendo do site escolhido, você pode usar a ferramenta "Favoritos" para encontrar os perfis que mais a atraíram e armazenar as mensagens recebidas e enviadas.

ALTO RISCO, ALTA RENTABILIDADE

Embora namorar on-line ofereça muitas oportunidades excelentes, não é um mundo perfeito. Há muitos riscos pelo caminho. É preciso entender quais são, precaver-se e adaptar suas estratégias de maneira a evitar armadilhas:

- **Segurança em primeiro lugar:** Embora você esteja numa empreitada em busca de um marido, não deixe de lado a cautela e o bom senso em nenhum momento, principalmente na Internet. Mantenha-se no anonimato até sentir confiança no homem com quem esteja se correspondendo. Dê a ele o número do seu celular e não o de sua casa, para evitar que ele descubra o seu endereço. Veja se é possível registrar o número de sua casa como "privado", para que não apareça no identificador de chamadas do telefone dele.

Avise a amigos ou parentes onde e quando será seu primeiro encontro e forneça a eles, de antemão, todos os detalhes possíveis sobre o candidato. Encontrem-se num lugar público. Preste atenção aos sinais de alerta, como raiva, comentários desrespeitosos ou comportamento inadequado. Grande parte dos sites de relacionamento inclui uma seção sobre segurança. Leia-a com atenção para mais detalhes quanto à sua proteção.

- **Nem tudo o que se lê é verdade:** Da mesma maneira que faz quando conhece uma pessoa numa festa ou num bar, fique alerta quanto ao que os homens contam sobre si mesmos. Tome cuidado com os que exageram, mentem ou acreditam numa versão fantasiosa de si mesmos. Fique atenta às inconsistências, descrições boas demais para serem verdade e histórias com tantas coincidências que mais parecem novela. Homens que relutam em enviar uma fotografia ou em encontrá-la em lugares públicos geralmente estão escondendo alguma coisa (talvez uma esposa, ou uns 50 quilos!). Quando souber o nome verdadeiro de um candidato, veja se encontra alguma informação sobre ele em um site de busca como o Google, por exemplo (abra www.google.com.br e digite o nome dele). Tente descobrir qualquer coisa que não combine com o que ele lhe falou. Uma mulher que conheci começou a se corresponder com um "médico bem-sucedido" que conheceu na Internet, mas, quando colocou o nome dele no Google, descobriu, através de um velho artigo de jornal, que ele estivera envolvido num processo por erro médico e perdera o registro. Ele não praticava mais a medicina, mas falava detalhadamente sobre os pacientes que atendia todos os dias!
- **Nem tudo o que se vê é verdade:** Uma boa foto de um homem nem sempre mostra a realidade. Por outro lado, uma

foto ruim também não. Os homens não leram este livro para entender a importância de enviar uma excelente fotografia. Conheço o problema das fotos ruins por experiência própria. Embora namoros on-line ainda não existissem quando eu era solteira, vi a fotografia do meu marido no anuário de uma empresa, antes de conhecê-lo pessoalmente. Nós já havíamos conversado uma vez pelo telefone e, como gostei muito da voz dele, resolvi procurar alguma foto. Comecei a folhear o anuário e vi que alguns minúsculos retratos estavam incluídos. Quando achei o dele, quase morri de susto. Eu *jamais* poderia me sentir atraída por um homem com aquela cara! (Eu ainda não tinha assimilado o conceito de ampliação de rede.) Era uma foto realmente pavorosa. E eu o tirei da cabeça na mesma hora... até que, um ano depois, nós nos encontramos numa festa e vi que ele era muito bem-apanhado! Não tinha nada a ver com a foto e eu senti faíscas no ar.

- **Amor à primeira pista:** É fácil apaixonar-se por um homem imaginário com quem se conversa pela Internet. Você se sente atraída pela foto, adora os e-mails e ele diz tudo aquilo que você deseja ouvir. A situação vai se arrastando por semanas ou até mesmo meses, e você nunca o vê cara a cara. Isso é uma perda de tempo, principalmente se quiser se casar num período entre 12 e 18 meses. Lembre-se de que o namoro on-line é uma estratégia do *Programa* porque é eficiente. O seu objetivo deve ser encontrar homens pessoalmente (mesmo que seja só para tomar um café) o mais depressa possível, assim que conseguir uma boa comunicação por e-mail e um contato por telefone. Sugira um encontro no prazo de duas semanas, se ele não tiver pedido antes (sua única quebra da regra de feminilidade com esse homem). Se ele criar obstáculos, parta para outra. Se vocês se encontrarem e ele não for o homem certo para você, passe para o próximo da fila.

Se você começar a sonhar com o futuro ao lado dele sem nunca tê-lo visto de perto, vai acabar ficando em casa só para estar perto do computador, quando deveria ir à luta e tomar atitudes produtivas para conhecer pessoas. Ele até pode ser um Príncipe Encantado, mas, se não quiser conhecê-la pessoalmente dentro de, no máximo, duas semanas depois do primeiro e-mail, procure o próximo da fila.

Quando vocês, finalmente, se encontrarem, não vá tirando conclusões apressadas assim que o vir. Recomendo sempre dar a chance de um segundo encontro, se no primeiro ele parecer ser um bom sujeito, mesmo que você não sinta nenhuma química surgir entre os dois. Reações químicas sempre podem acontecer com o tempo!

- **Não carregue todos os ovos na mesma cesta:** Os homens aparecem e desaparecem na Internet o tempo inteiro. Corresponda-se com vários ao mesmo tempo, se tiver oportunidade. Desse modo, o risco de um deles decepcioná-la poderá ser atenuado pelos outros. Não carregue todos os ovos na mesma cesta!
- **Não desista depois de uma ou algumas experiências ruins:** Muitas mulheres sentem-se relutantes no início, mas acabam começando a namorar pela Internet. Então, têm uma experiência ruim e amaldiçoam o processo inteiro: o sujeito era um mentiroso inveterado, era muito pior do que a foto, foi atencioso e depois nunca mais ligou, não apareceu no dia do encontro, ninguém interessante sequer respondeu ao anúncio. Ora, não faz sentido desistir de tudo! Você já sabia desses riscos. Decepções também acontecem fora da Internet e nem por isso você resolve ser freira! É preciso insistir. Conheço muitas mulheres que tiveram ótimos relacionamentos – e

muitas que arranjaram maridos – pela Internet. Está cheio de sapos lá fora, mas um deles pode ser o seu príncipe.

INDICADORES DE DESEMPENHO

Como você pode avaliar se o seu relacionamento pela Internet é um sucesso? É claro que a resposta é fácil se você já estiver noiva de um sujeito que conheceu on-line. Mas, antes disso, deve obter os seguintes resultados:

- Está recebendo o mínimo de duas respostas por semana de homens "decentes" – aqueles que a atraem o suficiente para você querer saber mais a respeito deles.
- Está respondendo no mínimo a dois candidatos por semana.
- Está conseguindo pelo menos três encontros por mês com homens que conheceu pela Internet.
- Está se encontrando pela segunda vez, uma vez por mês, com um homem que tenha conhecido on-line, o que comprova que está se saindo bem no processo de varredura.
- Sempre que tem um encontro ruim, sai dali com alguma coisa boa: o nome de um bom livro para ler, uma sugestão sobre um novo restaurante ou uma informação sobre algum evento ou festa para solteiros que valha a pena tentar. Ou, na pior das hipóteses, apenas o nome de um bom sujeito que mereça ficar na sua agenda, embora não seja a pessoa certa para você (mas que pode ser convidado para a sua *Festa-Programa*, no Passo 12, trazendo amigos solteiros). A propósito, isso se aplica a qualquer encontro ruim, não apenas aos que vierem pela Internet.
- Está aprendendo e se tornando mais eficiente no processo após cada nova experiência on-line.

O QUE FAZER SE NÃO ESTIVER ALCANÇANDO OS RESULTADOS ESPERADOS

Se você não estiver alcançando os resultados esperados, deve fazer mudanças urgentes em seu perfil. Essa é a beleza da mídia on-line. Nada é imutável. O problema pode ser algo bem simples: seu perfil pode estar aparecendo no final de uma longa lista de resultados de busca dos homens. Muitos sites acabam incluindo o seu perfil num volume maior de resultados de busca quando você simplesmente faz uma pequena alteração ou o atualiza (algumas vezes, mudando uma única palavra). Assim sendo, é bom atualizar seu perfil com certa regularidade (uma ou duas vezes por mês).

Mas a questão pode ser mais profunda. Busque a opinião de sua Mentora e de amigos sinceros (principalmente do sexo masculino) sobre seu anúncio. Você pode acabar descobrindo que ele é muito genérico, carente, sério, sensual, ou muitas outras coisas que nunca passaram pela sua cabeça. Sua foto pode não a favorecer muito. É preciso buscar a ajuda de pessoas cujas opiniões você respeita para identificar o problema.

Além disso, como boa marqueteira, você deve utilizar a técnica de ensaio e erro para identificação dos pontos críticos. Experimente uma outra foto durante uma semana e veja as respostas que vai obter. Se não forem boas, mude a foto na semana seguinte, usando roupas, poses e fundos diferentes, e veja o que acontece. Mude a chamada do perfil, mude a faixa de idade do homem que está procurando ou a descrição do que procura encontrar nele. Se estiver recebendo muitos e-mails, mas depois que você os responde o processo pára por aí, leve a correspondência para sua Mentora analisar onde está o erro. Continue tentando abordagens diferentes até que uma delas funcione.

VOCÊ DEVE ESTAR CURIOSA PARA SABER...

Existem tantos elementos diferentes no processo de namoro on-line que eu poderia escrever um livro só sobre esse assunto. Talvez você se interesse pela leitura de um livro totalmente dedicado aos namoros on-line, caso precise de um nível de compreensão que ultrapasse as táticas de marketing. Entretanto, aqui estão as cinco perguntas mais freqüentes feitas pelas mulheres que participam de meus seminários:

Devo procurar perfis masculinos e escrever para um deles primeiro?

Em geral, não. As mesmas regras de namoro se aplicam na Internet e fora dela: a feminilidade triunfa. Os homens gostam de ser os caçadores. As estatísticas mostram que 80% dos homens que namoram pela Internet dão o primeiro passo. Se ele não a procurar primeiro, qualquer relacionamento que começarem terá uma tendência a favorecê-lo. Você deseja ser adorada nessa relação e, mais tarde, no casamento. Se correr atrás dele – mesmo com o simples gesto de ser a primeira a escrever –, isso não vai gerar bons resultados a longo prazo na dinâmica entre os dois. Qualquer homem "normal" que tenha publicado um perfil on-line está procurando uma mulher naquele site. Assim, se você não chamou a atenção quando *ele* estava fazendo a busca, provavelmente ele não se interessou.

Entretanto há duas exceções. Em primeiro lugar, muitos sites de relacionamento costumam enviar, com certa regularidade, perfis compatíveis com o seu, fato que acontece automaticamente quando os dados dos perfis são cruzados pelo computador (idade, altura, interesses, religião, etc.) e ele identifica parceiros que combinam. Quanto mais ampla for a rede que você alcançar com seus critérios, mais pessoas compatíveis serão encontradas. Se você receber um perfil que lhe chame a atenção e que venha diretamente do serviço de namoro, não há problema em enviar uma mensagem curta e sutil ao sujeito porque, tecnicamente falando, você não está dando início a nada – o serviço de namoros iniciou o contato e você só está respondendo. Escreva algo bem curto, como: "O computador me enviou o seu perfil, dizendo que poderíamos combinar um com o outro. Quem sou eu para desafiar o destino?"

Observei também uma outra característica que poderia ser descrita como um flerte on-line. Alguns sites de relacionamento permitem que você "demonstre interesse" por um homem enviando-lhe um símbolo. Esse símbolo (que pode ser uma "piscadela", mas varia de um site para o outro) indica que você está interessada naquele perfil e gostaria de receber um e-mail. Esse método não é tão direto quanto enviar uma mensagem escrita para o sujeito. Pense nisso como se estivesse estabelecendo um contato visual on-line, que permite ao homem assumir seu papel tradicional no namoro e ser o primeiro a escrever. Isso é o mesmo que encontrar alguém que lhe agrada numa festa e sorrir para essa pessoa, como se a convidasse para se aproximar e bater um papo. Gosto muito do uso dessa ferramenta, principalmente nas cidades grandes, onde há milhares de perfis e o seu pode ter passado despercebido quando um homem fez a busca.

Em segundo lugar, as mulheres que receberam um pequeno volume de respostas de bons candidatos e já revisaram seu próprio perfil, seguindo as opiniões recebidas, podem quebrar a regra uma vez, como foi discutido no Passo 3, Embalagem. Nesse caso, elas devem fazer uma busca nos perfis masculinos e enviar e-mails curtos e sutis para cada homem que as interessar. Essa é uma tentativa de iniciar conexões e gerar algum volume. Selecione uma linha do perfil de cada homem que a tenha deixado curiosa e envie um e-mail de duas linhas, mais ou menos assim: "Achei curioso. Gabriel García Márquez também é o meu escritor favorito." Um link do seu próprio perfil aparecerá automaticamente junto à mensagem e ele poderá verificar quem você é.

Mas prepare-se: o sujeito pode não responder. E você não deve deixar que isso fragilize o seu ego nem permitir que a falta de interesse dele a abale a ponto de abandonar os namoros pela Internet. Jamais escreva para alguém mais de uma vez, caso não receba resposta. E deixe-o iniciar todos os contatos a partir daí.

Devo mentir a respeito da minha idade?

Você não deve mentir a respeito de nada. Mentir traz problemas. Mas idade é um assunto muito delicado, seja na Internet ou na vida diária. Num site de relacionamentos, os homens definem uma certa faixa de idade como parâmetros de busca, e se você não estiver dentro dela, mesmo que seja pela diferença de um ano, seu perfil não vai aparecer para eles. E há os estereótipos associados a certas idades. Os homens acham que as mulheres que estão saindo da casa dos 30 ou acabaram de entrar na dos 40 desejam casar-se e ter filhos o mais depressa possível. Assim sendo, preferem namorar as mais novas, não importa quantos anos eles tenham. O que se deve fazer?

Retome o seu objetivo: você deseja encontrar um marido. E não quer perder tempo nesse processo. Se mentir sobre a sua idade (dentro ou fora da Internet), corre o risco de perder seu precioso tempo numa relação que pode não dar certo porque se baseia numa falsidade. Por isso é melhor encontrar homens para os quais a sua idade *seja* um ponto de atração. Se estiver na casa dos 30, parecerá jovem para os homens na casa dos quarenta. Se tiver mais de 40, parecerá jovem para os de 50. Se estiver na casa dos 50, parecerá jovem para os de 60. E por aí vai. Desde que *você* esteja disposta a ampliar a sua rede na categoria idade, não terá nenhum problema em revelar quantos anos tem.

As mulheres acima de 50 anos, principalmente, costumam

preocupar-se com o fato de revelar a idade. Mas não minta se quiser um homem que tenha maturidade. Os homens maduros estão procurando alguém como você: querem uma parceira igual a eles e não uma menina que os faça lembrar de suas filhas, não querem explicar quem foi Grace Kelly nem passar o tempo todo encolhendo a barriga para parecerem mais magros. Se você ainda estiver preocupada com sua idade, pode acrescentar ao seu perfil algo como "sou uma jovem de 61 anos", para enfatizar a jovialidade de seu espírito e de seus interesses.

Qual a melhor maneira de responder às perguntas de múltipla escolha dos questionários dos sites de relacionamento?

Quando enviar o seu perfil, terá de selecionar respostas para uma série de perguntas de múltipla escolha sobre profissão, renda, hábitos sociais e estilo de vida. Você deve ser honesta, mas reveja as idéias e sugestões dadas no início deste capítulo quanto à criação de seu apelido, chamada e perfil. Muito do que foi dito ali também se aplica às questões de múltipla escolha. A parte mais importante que minhas clientes costumam esquecer é manter a consistência com a marca escolhida. Se ela for "Elegante, Intelectual, Colecionadora de Antiguidades", quando selecionar o tipo de música que aprecia, seria consistente escolher a opção "clássica" e não "rap". Se você não souber o que escolher, pode optar por "responderei mais tarde", o que é perfeitamente aceitável.

Devo responder aos e-mails de homens nos quais não estou interessada?

Certamente você não é obrigada a responder aos e-mails de homens pelos quais não se interessou, mas fazê-lo pode lhe trazer uma grande vantagem. É de bom-tom responder a qualquer pessoa que a tenha selecionado e dedicado algum tempo a lhe escrever uma mensagem, mesmo que não pareça ser o que você procura. Poucas mulheres fazem isso, e essa atitude pode destacá-la das outras.

Para ganhar tempo, crie uma resposta-padrão para esses casos e simplesmente a copie na sua mensagem. Use algo curto, como: "Obrigada por me escrever. Acho que não formamos um par ideal, mas gostei muito de sua mensagem." Se tiver amigas que estejam em sites de relacionamento e achar que ele seria interessante para alguma delas, sugira, no final, que ele verifique o perfil de sua amiga. Se você se sentir à vontade, pode tomar uma atitude mais ousada e pedir para ele apresentá-la a alguém: "Se você tiver um amigo que possa se interessar em me conhecer, por favor, passe para ele o meu perfil." Você cumpriu três objetivos com essa resposta. Primeiro, foi educada o bastante para responder. Segundo, se sua amiga se interessar por ele, você despertou a boa vontade dela para com você, o que pode fazê-la querer retribuir no futuro e apresentá-la a alguém interessante. Terceiro, se esse homem enviar o seu perfil para um amigo, você pode acabar conhecendo um homem especial. Coisas estranhas costumam acontecer!

Se eu começar a namorar alguém, quando devo retirar o meu perfil do site?

Muitos sites de relacionamento permitem que você retire o seu perfil e pare de pagar a mensalidade durante um período. Mas só o faça se puder classificar seu relacionamento como "exclusivo". Mantenha suas opções sempre em aberto até estar certa de que ele pode ser "o seu homem especial". Se achar mesmo que ele é o seu Príncipe Encantado, você vai abrir mão de todas as outras opções e fazer com que essa relação se transforme num compromisso. Entretanto, enquanto não tiver certeza absoluta de que ele também quer que isso aconteça, mantenha o seu perfil on-line e continue fazendo a varredura das respostas recebidas. Não precisa contar a ele que está agindo assim, a não ser que ele, especificamente, peça e demonstre que quer ser o único. Se ele vir que o seu perfil continua no site, der a entender que não gostou mas não falar em compromisso, então estará sendo injusto com você. Ele precisa parar de fazer "jogo de cena" e tomar uma atitude. Falaremos mais sobre isso no Passo 15, Estratégia de Saída. Além disso, por que cargas-d'água ele estava navegando pelos perfis femininos?

PASSO 8

MARKETING DE GUERRILHA

Faça algo diferente!

O QUE APRENDI NA HARVARD BUSINESS SCHOOL

O marketing de guerrilha é o uso de táticas não-convencionais, eficazes em termos de custo e práticas para atingir seus possíveis clientes. É uma técnica projetada primariamente para pequenas empresas que não possuem um grande orçamento para ser aplicado em marketing mas precisam competir com companhias gigantescas. O marketing de guerrilha utiliza pequenas táticas para atingir o consumidor de maneira regular e consistente e conseguir um grande resultado.

Há vários exemplos dessas técnicas de marketing pouco tradicionais. Por exemplo, uma pequena gravadora paga a adolescentes que se vestem "na onda", que moram nas partes mais pobres da cidade, uma pequena quantia para que eles distribuam aos amigos o último lançamento de música rap, esperando criar uma tendência de compra do produto. Ou uma pequena indústria de cervejas distribui aos donos de bares suportes de plástico para apoiar os cardápios nas mesas, esperando que os clientes incluam a bebida, cujo nome está bem à vista, quando fizerem seus pedidos. É possível anunciar um produto através de várias pequenas táticas como essas.

Muitas empresas utilizam somente os métodos de marketing já conhecidos. Elas não usam essas ferramentas criativas e de baixo custo que estão ao dispor de qualquer um. As empresas que experimentam abordagens inteligentes obtêm uma vantagem competitiva. No fundo, o marketing de guerrilha aposta no conceito de que a persistência e a perspicácia valem mais que grandes orçamentos.

MEXA-SE!

Você anda fazendo as mesmas coisas muitas e muitas vezes por força do hábito? Sua rotina diária é familiar e confortável? Você pode estar presa numa rotina pessoal. Quando se trata de arranjar marido, é preciso abandonar esses hábitos e fazer coisas diferentes. Provavelmente, você ainda não encontrou seu marido porque ele não está na esfera restrita do seu escritório, do edifício onde você mora, da lanchonete perto de sua casa ou do seu círculo de amigos. Muitas pessoas nem sabem que estão presas a uma rotina porque *gostam* do que fazem, onde fazem e com quem. Sair da rotina, porém, tem o poder de mudar o seu estado civil. Uma rotina não é necessariamente algo ruim, mas isola a sua vida e a impede de alcançar um objetivo. Neste passo, você vai aprender a se mexer e mudar a situação através de várias táticas inteligentes de marketing de guerrilha.

O TESTE DA ROTINA

Olhe bem de perto para tudo o que você faz e quando faz. Examine todos os lugares aonde vai e todas as pessoas que a cercam. Existe alguma justificativa, ou tudo isso é apenas motivado pela força do hábito? Faça o teste a seguir para determinar se você está presa à rotina:

1. Você vai ao trabalho todos os dias usando o mesmo meio de transporte?
2. Você toma café em casa ou na mesma padaria todas as manhãs?
3. Você almoça em determinados lugares todos os dias ou – o que é pior – almoça em casa ou no escritório?
4. Você utiliza os serviços da mesma lavanderia há muitos anos?
5. Você tem alguns poucos restaurantes ou bares favoritos que costuma freqüentar?
6. Você sempre vai à mesma livraria ou compra seus livros pela Internet?
7. Você tem algum passatempo ou esporte favorito que ocupa a maior parte do seu tempo livre?
8. Você tem alguns poucos amigos mais próximos que constituem a magnitude de seu grupo social?
9. Você tem os mesmos tipos de amigos há muitos anos, ainda que os rostos e nomes sejam diferentes?
10. Quando alguém lhe pergunta "Como vai?", ou "Quais são as novidades?", você dá sempre a mesma resposta ou algo similar?
11. Você raramente inicia uma conversa com um estranho?

Se você respondeu "sim" a cinco ou mais questões, está definitivamente numa rotina. E seu futuro marido provavelmente não faz parte dela. A boa notícia é que isso é fácil de ser consertado e as mudanças feitas vão aumentar muito as suas chances de encontrar o seu homem especial.

SAÍDA DE EMERGÊNCIA

Os marqueteiros de sucesso não fazem algo porque é assim que tem sido feito a vida inteira. É preciso examinar de perto tudo em sua vida e, metodicamente, fazer mudanças para sair da rotina. Você precisa de uma abordagem *estratégica* agora que está em busca de um marido. Tudo tem um objetivo, até as pequenas tarefas do dia-a-dia. Nada é imutável. Encontre a "saída de emergência" desse recinto e fuja da rotina.

Pegue três folhas de papel. Na primeira escreva onde e quando você faz suas pequenas compras diárias, resolve seus problemas de necessidades básicas e leva sua vida social. Por exemplo, sua lista pode ser mais ou menos assim:

- **Mantimentos:** Mercadinho São José (sábados de manhã)
- **Lavanderia:** Tinturaria e Lavanderia Bandeirantes (quintas-feiras, depois do trabalho)
- **Utilidades, decoração, cama, mesa e banho:** Lojas Americanas
- **Farmácia:** Farmalife (sábados de manhã)
- **Ginástica:** academia do lado de casa (segundas, quartas e sextas-feiras, depois do trabalho)
- **Café:** em casa ou no escritório (manhãs dos dias de semana)
- Jantar com amigos: Pizzaria La Mamma e Churrasco Gaúcho (noites de sábado)
- **Delicatessen:** a loja de conveniência ao lado do posto de gasolina, a dois quarteirões da minha casa (sem dia definido)
- **Dentista:** Dra. Fátima (sem dia definido)
- **Passeio com o cachorro:** pelas ruas do bairro (dias de semana, depois do trabalho; manhãs de domingo)
- **Férias:** na casa de praia da família (em janeiro ou fevereiro)

E por aí vai... Imagino que sua lista reúna cerca de 25 lugares aonde você vai regularmente.

Agora, na segunda página, faça uma lista de tudo o que faz para trabalhar e se divertir. Por exemplo, sua lista pode ficar assim:

O que eu faço

- **Trabalho:** advogada
- **Exercício:** ginástica ou ioga (na academia do lado de casa)
- **Esportes:** tênis
- **Sextas-feiras à noite:** alugar um vídeo ou encontrar amigos num barzinho
- **Passatempo:** escrever poesia
- **Cursos:** aulas de espanhol

E assim por diante. Imagino que sua lista contenha pelo menos umas dez atividades que faz regularmente.

Na terceira página, faça uma lista de todas as pessoas que a cercam ativamente:

Quem está ao meu redor

- **Trabalho:** Jackie, Cristina, Raul
- **Telefonemas:** Carolina, Sheila, Flávia
- **E-mails:** Brenda, Eduardo, Henriette
- **Fins de semana:** Jackie e Paulo, Carolina, Luíza
- **Ginástica:** Susana
- **Viagens:** Susana
- **Compras:** Luíza
- **Aulas de espanhol:** Sarah
- **Família:** mamãe, minha irmã

Imagino que essa lista tenha de 10 a 20 pessoas de seu círculo mais próximo de amizades.

Examine suas listas por alguns minutos. Se estiver fazendo sempre as mesmas coisas, você poderá ver o quanto sua vida se tornou segregada e como são poucas as chances de encontrar o seu desejado marido num círculo tão pequeno. O ponto principal não é a *quantidade* de lugares, atividades e pessoas que você anotou; o problema é a *repetição*. Depois dos 35, todos nós já desenvolvemos hábitos arraigados. Imagine o número de "encontros casuais" que você poderia orquestrar simplesmente mudando sua rotina.

Se precisar de inspiração para fazer essas mudanças tão críticas, deixe-me descrever o que aconteceu quando Alison, de 36 anos, fez uma pequena mudança na sua vida. Durante muitos anos, ela tomava o café da manhã no Starbucks, que ficava perto do escritório, para deliciar-se com sua bebida favorita – um café com leite misturado com baunilha. Ela estava quase viciada e *tinha* de começar o dia tomando essa mistura. Quando analisei os padrões de comportamento de Alison, perguntei a ela se havia algum outro lugar agradável, perto do trabalho, onde pudesse tomar café. Ela quase teve um ataque cardíaco: seu café era sagrado! Entretanto, tempos depois, recebi um e-mail dela:

> Na quinta-feira passada, a fila no Starbucks era imensa e eu estava com muita pressa. Lembrei-me de sua sugestão quanto a mudar minha rotina e achei que era uma boa hora para tentar algo diferente. Atravessei a rua e fui a um lugar chamado Café Peaberry. Duvidava que eles tivessem algo parecido com o meu café com leite e baunilha, mas eles tinham! Estava prestes a sair e passei perto do balcão onde ficava o adoçante, quando observei um desconhecido ao meu lado. Ele havia derramado um pouco de café e estava procurando guardanapos. Então peguei um monte deles para ajudá-lo. Isso pode parecer estranho, mas gostei do jeito que ele permanecia calmo, mesmo tendo derramado o café. Ele não se alterou. Ironicamente, eu estava carregando um livro chamado

Não faça tempestade em copo d'água, e ele me perguntou se era interessante. Começamos a conversar e eu gostei muito dele! Seu nome era Ron. Mas ele foi embora e nem ao menos perguntou qual era o meu sobrenome ou onde eu trabalhava. Então, voltei ao Café Peaberry no dia seguinte à mesma hora, na esperança de encontrá-lo outra vez. E o encontrei! Estava lendo um jornal e acho que também tinha voltado lá para me ver.

Alison e Ron tomaram café juntos naquele dia, começaram a sair e já estão casados há dois anos. Na festa de casamento serviram café com leite e baunilha para homenagear a maneira como se conheceram. Alison não pode imaginar como seria sua vida hoje se a fila no Starbucks estivesse menor naquela quinta-feira!

PLANO DE MUDANÇAS

Então, a primeira parte do seu plano de marketing de guerrilha está clara: mude sua rotina e consiga novas oportunidades de conhecer homens. Pense em tudo o que escreveu em suas listas sobre aonde você vai, quando vai, o que faz e quem está ao seu redor... e mude *tudo*, muitas e muitas vezes. Use estratégias quando fizer mudanças, analisando suas listas com todo o cuidado e determinando metas diárias para si mesma. Não tome decisões repentinas de fazer alguma coisa diferente de vez em quando. Embora a espontaneidade possa acontecer, e eu a estimule quando surgir uma oportunidade (como no exemplo de Alison), mudanças esporádicas não vão realmente mudar sua rotina. É preciso elaborar um cuidadoso plano de ataque.

Determine a meta inicial de fazer uma mudança por dia. Aos poucos, você pode chegar a três por dia à medida que for se sentindo mais à vontade com este passo. Por exemplo, seu calendário semanal pode ficar mais ou menos assim:

- **Segunda-feira:** mantimentos no Pão de Açúcar, em vez de ir ao Mercadinho São José (depois do trabalho).
- **Terça-feira:** experimentar a 5 à Sec, em vez da Tinturaria e Lavanderia Bandeirantes (na hora do almoço).
- **Quarta-feira:** tomar café na padaria ou na lanchonete perto do escritório (30 minutos mais cedo do que de costume). Telefonar para o primo Joel, com quem não falo há quase um ano, só para saber como vão as coisas.
- **Quinta-feira:** Convidar a nova colega de trabalho para almoçar. Ir ao curso sobre vinhos (à noite).
- **Sexta-feira:** Ir de metrô para o trabalho, em vez de ir de carro (de manhã). Fazer musculação na academia do bairro e, depois, ficar um pouco no bar, em vez de correr para casa.
- **Sábado:** Levar o cachorro para passear em um grande parque da cidade, em vez de dar uma voltinha rápida perto de casa (30 minutos mais tarde, de manhã). Comprar algumas coisas para a casa nas Lojas Renner. Mantimentos no Carrefour e não no Mercadinho São José nem no Pão de Açúcar (à tarde).
- **Domingo:** Convidar minha vizinha para almoçar, em vez de minha amiga Susana. Dar um pulo numa grande delicatessen para comprar pães diferentes e perambular pela adega, em vez de recorrer à lojinha de conveniência perto de casa.

Continue a rever suas listas todas as semanas, mudando sempre a rotina. Embora algumas mudanças, como fazer compras no Pão de Açúcar na segunda-feira e no Carrefour no sábado, possam parecer aleatórias, pelo menos já são *mudanças*. Você acabou de criar muitas oportunidades diferentes de conhecer homens. E isso é o que importa! Sendo fiel às técnicas de marketing de guerrilha, nada poderia ser mais barato, certo?

INICIADORES DE CONVERSA

Então, você está fazendo compras no Pão de Açúcar, numa noite de segunda-feira, obedecendo às regras de sair da rotina, colocando-se em um novo ambiente. Aí, vê um homem que a atrai no balcão de comidas congeladas. O que você faz? Existe uma excelente tática de guerrilha que pode ser usada para tirar algum tipo de ligação desse encontro casual. Leve sempre um "iniciador de conversas". Isso nada mais é do que um objeto cuja função é estimular a curiosidade e provocar algum tipo de interação. Você deve levá-lo a todos os lugares para ativar conversas espontâneas com desconhecidos interessantes. A idéia é facilitar a aproximação de um homem para iniciar uma conversa, usando o objeto como pretexto. Muitos homens são tímidos e nenhum deles deseja parecer ou sentir-se um bobalhão. Assim sendo, o seu iniciador de conversas pode fornecer uma desculpa para que um deles se aproxime de você sem usar aquelas frases mais do que desgastadas. Selecione um item consistente com a sua marca pessoal e mantenha-o visível aonde quer que você vá.

Livros, por exemplo, são ótimos iniciadores de conversas. Verifique se a capa do livro contém uma fotografia ou desenho de algo que deixe óbvio o conteúdo, ou letras grandes e legíveis. Se o sujeito não conseguir entender do que se trata rapidamente, a estratégia terá sido inútil. Se um dos atributos de sua marca for, por exemplo, "Aspirante a Roteirista", você pode carregar o livro *Da criação ao roteiro*, de Doc Comparato, ou *Como resolver problemas de roteiro*, de Syd Field. Se sua marca incluir algo como "Pé na Estrada", você *não* vai carregar o último número de uma revista sobre boa forma, mas o de uma revista sobre viagens.

Outra idéia para um excelente iniciador de conversas seria usar uma camiseta, um boné ou broche com algo escrito em outra língua. Um homem que desejar conhecê-la pode pedir que você faça a tradução. Ou uma peça com o logotipo de um time, de uma universidade ou de uma outra cidade. Qualquer um desses objetos daria um bom motivo para conversar. As mulheres devem ter à mão um iniciador de conversas sempre que estiverem em algum lugar público, para capitalizar os encontros casuais.

Não se esqueça de prestar atenção aos iniciadores de conversa dos *outros*. Talvez alguém sentado ao seu lado num avião, ou atrás de você na fila do cinema, não esteja carregando um iniciador de conversas *intencionalmente*, mas muitas pessoas levam algo nas mãos que pode provocar perguntas interessantes da sua parte.

QUEBRANDO O GELO

E se aquele homem encantador no balcão de congelados simplesmente não enxergar o seu enorme e óbvio iniciador de conversas? Ou se ele o vir, mas não disser nada? Nesse caso, é hora de usar uma abordagem mais agressiva e iniciar o diálogo você mesma. As palavras que forem usadas são irrelevantes. Um homem que se sentir atraído por você não vai julgá-la com base nas suas palavras. Ele vai decidir se inicia ou não um diálogo baseado nas suas reações não-verbais. Devemos admirá-los por isso! Talvez você possa pensar rápido e quebrar o gelo dizendo: "Qual é a sua sobremesa congelada favorita dentre essas aqui?", ou "Puxa, por que será que a loja está tão cheia hoje?". *O mais importante é fazer uma pergunta que exija mais do que sim ou não como resposta.* Seu objetivo é construir uma ponte para que se estabeleça um diálogo.

Se você for tímida demais para fazer uma pergunta a um desconhecido, seja no mercado ou numa festa, sempre existe o já testado e comprovado "Oi", seguido de um sorriso. Isso pode não resultar em absolutamente nada, principalmente se ele também for tímido e responder apenas com outro "Oi". Mas essa abordagem é melhor do que não abrir a boca.

Você vai descobrir num instante, pelo tipo de reação, se ele não tem nenhum interesse em conversar (ele pode ser casado, estar com pressa, ser homossexual, ou simplesmente não sentir atração por você). Nesse caso, continue o seu caminho. Afinal, quem não arrisca não petisca.

Esteja sempre buscando alguma forma de iniciar uma conversa com um sujeito interessante. Não enterre sua cabeça atrás de um jornal nem caminhe pelas ruas guiada pelo piloto automático. Procure possibilidades de encontros casuais. Não há nada a perder na tentativa de dar início a um diálogo rápido. É claro que existem os mal-educados que simplesmente não respondem a uma estranha, ou desejam ficar sozinhos. Não ligue. Quanto mais pessoas você conseguir cativar, mais chances terá de ganhar alguma coisa (uma nova idéia, alguma informação útil, um contato, um amigo).

PROSSEGUIMENTO DA CONVERSA

Faça uma referência ao futuro

Quando uma conversa tem início e você gosta do sujeito com quem está conversando, como pode ter certeza de que vai encontrá-lo outra vez? Uma tática é referir-se a algum acontecimento no futuro e verificar se ele pergunta como entrar em contato com você. Por exemplo, uma cliente, Cecile, estava adorando um papo alegre com um homem bem bonito que estava atrás dela na fila de uma pequena mercearia. Ela contou uma piada leve que acabara de ouvir no escritório. Depois, disse: "Essa é a única piada que estou me lembrando agora. Vou deixar as outras para uma outra oportunidade." Ele logo usou a chance para perguntar como poderia revê-la "para ouvir as outras piadas". Tudo bem, essa não foi das mais sutis, mas funcionou!

Se você fizer alguma referência ao futuro e o sujeito não aproveitar a ocasião, tente uma dessas outras táticas:

- **Deixe escapar:** "Sem querer", dê alguma informação sobre você (seu sobrenome ou onde você trabalha), para que ele consiga encontrá-la outra vez, se quiser.
- **Peça uma indicação:** "Você conhece algum mecânico de confiança? Se souber, vou lhe dizer como entrar em contato comigo para me dar o número do telefone dele."
- **Ofereça-se para dar uma informação:** "Acabei de ler um livro muito bom sobre isso, mas não me lembro do nome. Você quer que eu lhe mande um e-mail com o nome do livro quando eu chegar em casa?"

Cartões de visita pessoais

Um outro método bastante prático para continuar a conversa é ter sempre na bolsa um cartão de visitas com seu nome e telefone. Você também pode utilizá-lo para selecionar homens e mulheres que tenham possibilidade de apresentá-la a alguém. No mundo dos negócios, uma pessoa nunca sai do escritório sem levar alguns cartões. Essa é uma atitude prática. Você pode distribuir cartões de visita do trabalho, se os tiver, desde que não sejam muito imponentes ou se afastem demais da imagem de sua marca. Se mandar imprimir um cartão pessoal, pode fazê-lo sem muitos gastos numa copiadora perto de sua casa. Escreva somente o seu nome, telefone e e-mail e o vendedor da loja vai apresentar diferentes opções de letras, cores e papéis. Se achar que cartões impressos são muito formais, pelo menos mantenha na bolsa uma caneta e um bloco para anotar seus dados, caso uma oportunidade apareça.

CONVERSAS ROTINEIRAS

Alguma vez você já se deu conta de que as coisas que *diz* também podem mantê-la numa rotina? Pense nisso: o que aconteceria se você desse uma resposta completamente diferente quando alguém lhe perguntasse "Quais são as novidades?". Não estou falando de um sujeito que você acabou de conhecer, mas das pessoas que já conhece. Se sua resposta usual for "Nada de novo", "Tudo na mesma", ou "Tudo bem e *você*?", quem sabe não pode usar sua inteligência e pensar em algo específico para contar? "Acabei de ganhar um gatinho. Olhe só a foto dele!", ou "Bem, estou treinando para correr a maratona daqui a alguns meses. É um trabalho duro!". Seja qual for sua resposta costumeira, mesmo que tenha pequenas variações, ela pode estar fechando portas em sua vida sem que você perceba.

Essas conversas feitas no piloto automático são oportunidades perdidas de "fazer uma venda". Se a sua prioridade número um é encontrar um marido, pense na possibilidade de dirigir suas conversas diárias para esse objetivo. Em vez de repetir as mesmas palavras, dar as mesmas respostas, ou mesmo contar uma novidade que não acrescente nada, aproveite para comunicar, estrategicamente, a sua prioridade número um.

Como diria um vendedor de sucesso, a regra é "sempre fechar uma venda". Tente fazê-lo sempre que a oportunidade aparecer. Por exemplo, uma amiga a vê no salão de beleza e se aproxima para dizer alô. Vocês não se vêem há alguns meses e ela pergunta: "Oi, tudo bem?" Se você estiver consciente da necessidade de sair da rotina e de transformar uma conversa casual numa oportunidade de encontrar um marido, pode responder: "Estou ótima! Desde a última vez em que nos vimos, dei uma guinada na minha vida. Agora tenho saído mais e decidi me abrir para conhecer mais gente interessante em vez de ficar trancada dentro de casa. Lembre-se de mim quando for fazer algum programa legal ou se conhecer algum homem solteiro que possa me apresentar."

Imagine as possibilidades que podem resultar porque você deu uma resposta diferente no início da conversa em vez de dizer "Bem, obrigada, e você?".

SE A OPORTUNIDADE NÃO BATER À SUA PORTA, ABRA-A ASSIM MESMO

Imagine que exista um homem que você tem visto regularmente de longe, mas não sabe como começar a conversar com ele. Você pode sair da rotina de esperar que ele fale com você primeiro sem quebrar as regras nem uma vez. Se você o admira há algum tempo, ele não é um completo estranho. Talvez o tenha visto na lanchonete do escritório e, então, sabe que ele trabalha na sua empresa, embora ele nunca tenha notado a sua presença. Ou talvez ele more no seu edifício e você o tenha visto algumas vezes no elevador, mas como não estavam sozinhos não se sentiu à vontade para iniciar uma conversa na frente dos outros. Bem, aqui está uma tática de marketing de guerrilha que pode ser usada justamente nessas situações especiais.

Você pode orquestrar uma razão verdadeira para se aproximar de um homem que deseje conhecer. Vamos pensar naquele sujeito que você encontra sempre na lanchonete do escritório. Como atrair a atenção dele? Se você sempre quis ajudar a população mais carente, pode aproveitar para se envolver mais ativamente numa campanha de combate à fome, por exemplo. Que tal apresentar-se como voluntária para reunir alimentos para um programa contra a miséria? Você faria a ponte entre a organização que está coletando alimentos e os funcionários da empresa. Ou seja, com o aval da direção da empresa ou do Departamento de Recursos Humanos, percorreria todo o escritório pedindo às pessoas que colaborassem com alguns quilos de alimentos. Essa é uma ótima desculpa para conhecer o bonitão do escritório. Ora, é para ajudar a quem precisa!

Aproxime-se dele na lanchonete e explique o que está fazendo. O problema da fome, a desigualdade social e o seu trabalho voluntário fornecem muito combustível para uma boa conversa:

explicações sobre a organização não-governamental ou instituição do governo que está promovendo a campanha, a receptividade dos colegas de escritório, o que essa ajuda vai representar para muitas famílias, entre outras coisas. Se ele não se mostrar interessado depois dessa primeira conversa, pelo menos você terá uma segunda oportunidade legítima de falar com ele quando for recolher os alimentos. (Se ele não ajudar, não serve para você: que tipo de homem é capaz de se negar a fazer caridade?) Mas se ainda não houver interesse da parte dele, bem, pelo menos você tentou, fez algo bom para ajudar a quem precisa e, agora, pode parar de se consumir por causa dele e seguir em frente.

E se você estiver atraída pelo vizinho que conheceu rapidamente no elevador, o que pode fazer? Lembre-se de usar sua criatividade. Por que não se juntar ao comitê que está angariando fundos para presentear os porteiros no Natal? Numa missão como essa, você vai tocar a campainha de cada morador para pedir dinheiro. Então, vai bater à porta dele! Tente achar um motivo legítimo (só uma vez) para interagir com alguém a quem admire de longe. Se o sujeito não *achar* que você está à caça dele, tecnicamente a regra da feminilidade não foi quebrada. Algumas vezes, quem utiliza as técnicas de marketing de guerrilha só precisa abrir uma porta.

GRANDES MUDANÇAS

Até agora, falamos das pequenas e fáceis mudanças de rotina, como fazer compras numa loja diferente, ter à mão "iniciadores de conversa", repensar algumas de suas respostas diárias e criar situações legítimas para conhecer homens. Porém, lamento informá-la de que é preciso também fazer *grandes* mudanças em sua rotina. Elas são tão grandes que você vai se sentir tentada a ignorá-las por achar que não deve nem estudar uma proposta tão absurda. “O quê? Eu nunca poderia fazer *isso!*”, diria você. Mas preste bastante atenção...

Seu emprego

Eis aqui uma pergunta muito simples: o seu emprego lhe oferece oportunidades de conhecer homens interessantes? Sim ou não? Se a resposta for não, pense na possibilidade de mudar de emprego. Estou falando sério: talvez ele seja a causa primária de sua rotina. Eu sei que esse é um ponto nevrálgico e, para muitas mulheres, é uma tarefa impossível de ser feita. Mas é uma possibilidade que gostaria que você considerasse com muita atenção. Você se lembra das respostas que deu às três questões propostas no Passo 1, Foco de Marketing, principalmente a número dois: “Você faria *qualquer* coisa para arranjar marido, desde que não fosse imoral ou ilegal?” Se respondeu um “sim” verdadeiro, então arranjar marido é mais importante do que seu emprego nos próximos 12 a 18 meses.

É provável que, todos os dias, você passe no trabalho a metade das horas em que está acordada. Isso é um bocado de tempo perdido se você não tem contato com homens que possam ser bons candidatos. Calcule as suas chances de encontrar um marido no seu ambiente de trabalho atual e compare-as com as chances que teria em outros empregos que fosse capaz de arranjar, de acordo com as suas habilidades. É claro que poucos empregos são um estádio repleto de bons partidos, mas use o seu espírito crítico para analisar sua situação atual. Por exemplo, mesmo que você só trabalhe com mulheres, seu emprego pode lhe proporcionar uma rede de pessoas capazes de lhe fazer apresentações. Ou talvez envolva contato com muitos clientes do sexo masculino. Ou exija que você faça viagens de negócios com potencial de conhecer outras pessoas. Essas situações não são ruins.

Mas, e se você trabalhar sozinha em casa, no computador, ou

num pequeno escritório, com mais uma ou duas pessoas, e a melhor chance que tenha de conhecer um homem seja quando a máquina copiadora não funcionar e vocês precisarem chamar alguém para consertá-la? Ou talvez você trabalhe num bar freqüentado por uma infinidade de homens, mas não do tipo certo e nem na situação ideal. Pense seriamente sobre suas opções. Esteja aberta a mudar de emprego se tiver condições de arrumar outro com boas perspectivas para sua carreira e, principalmente, com maiores chances de arranjar marido. Sei que em tempos de desemprego isso pode soar como uma loucura, mas, pelo menos, reflita sobre o assunto. Quem sabe uma mudança não pode ser benéfica para sua vida pessoal e profissional?

Uma de minhas clientes tomou uma atitude radical. Seu emprego era tão cansativo que ela mal tinha tempo para O *Programa*. Então, tirou um ano de licença para dedicar-se a encontrar um homem especial. Uma atitude dessas requer uma situação financeira bastante equilibrada, mas, se você tiver os meios para fazê-lo, vale a pena. O único senão é que, se almeja resultados no final de seu ano de licença, vai precisar lidar com O *Programa* como se fosse um emprego de dupla jornada. Você não estará "de férias", mas usará cada dia para planejar, ampliar sua rede e participar de todas as atividades ligadas ao *Programa*.

Sua casa

Você mora numa localidade que a faz conhecer novos homens? Vive numa cidade ou bairro que maximizem suas chances de arranjar marido? Reflita sobre isso com cuidado. Alguns bairros são muito distantes e podem isolá-la das pessoas. Outros são familiares demais para atrair homens solteiros. Algumas cidades dos Estados Unidos, por exemplo, são famosas pelas poucas chances que oferecem às mulheres. São Francisco, Washington e Nova York estão entre as que as mulheres mais reclamam da falta de homens desimpedidos. Ora, se você mora numa cidade assim, não precisa sair correndo para fazer as malas. Entretanto, se aparecer uma oportunidade de se mudar (você ouve falar de um emprego em outra cidade, ou sonha em fazer um mestrado em outro estado), pense nisso seriamente.

Kate, uma mulher de 40 anos, morava em Manhattan havia dez anos. Ela sempre achou que as mulheres solteiras estavam em desvantagem porque havia poucos homens disponíveis. Via uma quantidade enorme de mulheres mais jovens, em "embalagens" mais chamativas, além de muitas mulheres parecidas com ela. Kate não era única. Uma noite teve um estalo: as chances de encontrar o seu Príncipe Encantado em Manhattan não eram nada promissoras. O contrato de aluguel do apartamento onde morava venceria em dois meses, por isso ela resolveu pegar um mapa e decidir onde seria bom viver. Seu primeiro critério foi encontrar um lugar onde seu estilo e personalidade se destacassem na multidão. O segundo critério foi achar um lugar onde pudesse conseguir um emprego menos cansativo (permitindo que sobrasse tempo para dedicar-se a encontrar um marido), mas que lhe permitisse manter um bom nível de vida. Escolheu Mineápolis, onde já tinha alguns amigos. Nos dois meses seguintes, ela pesquisou feito uma louca para descobrir o maior número possível de amigos de outros amigos que morassem naquela cidade. Demitiu-se do emprego e mudou-se. Foi uma atitude corajosa e talvez um pouco "insana" porque ela ainda não tinha um emprego em vista. Kate não fazia a mínima idéia de se as chances para mulheres solteiras eram maiores em Mineápolis, mas pelo menos teria uma cidade inteira a ser explorada, e qualquer pessoa que conhecesse ali seria novidade.

No momento em que eu estava finalizando este livro, Kate tinha se mudado para Mineápolis havia um mês. Através de todos aqueles nomes de amigos de outros amigos que pesquisou antes de se mudar, ela já tinha sido apresentada a quatro homens e trocado e-mails com outros três. Ela me disse que ampliou tanto a sua rede que a única exigência que faz atualmente é que o candidato a marido "saiba manejar um garfo e uma faca". Kate conheceu duas mulheres da sua faixa etária que lhe deram todas as "dicas" possíveis sobre Mineápolis, principalmente os melhores lugares para conhecer homens solteiros interessantes. Em média, ela tem tido duas entrevistas de emprego por semana. Durante uma delas, contou que havia se mudado para aquela cidade porque em Manhattan sentia-se muito solitária. O homem que a estava entrevistando respondeu: "Minha mulher é uma casamenteira incontrolável e, assim que eu lhe contar isso, ela vai ter meia dúzia de candidatos para lhe apresentar!" Acho que Kate escolheu o lugar certo, na hora certa.

PASSO 9

NICHO DE MERCADO

"Interesse-se" por mulheres

O QUE APRENDI NA HARVARD BUSINESS SCHOOL

Nicho de mercado é uma poderosa ferramenta de venda de qualquer produto. Baseia-se na idéia de que um produto tem pequenos grupos de compradores ideais, que formam subgrupos de um mercado mais amplo. Nesses grupos (ou nichos) estão os compradores mais ávidos e dispostos, pessoas que têm certos traços que combinam com o que se quer vender. Embora o produto continue a ser vendido a uma base geral de consumidores, é interessante divulgá-lo com maior agressividade para um nicho de alto potencial. Por exemplo, algumas empresas de cosméticos fabricam cremes hipoalergênicos para o rosto, que são vendidos para os consumidores em geral, em qualquer loja de departamentos. Mas algumas dessas empresas perceberam que os pacientes de dermatologistas formam um perfeito nicho de mercado para esse tipo de produto. Os dermatologistas têm um grande número de pacientes que se encaixam no perfil do consumidor de produtos hipoalergênicos, principalmente cremes faciais. Então, algumas empresas usaram a inteligente estratégia de chegar ao consumidor através da indicação dos dermatologistas.

Um outro exemplo de nicho de mercado é este livro. O *Programa*, na verdade, pode funcionar para qualquer um: mulheres e homens de todas as idades, além de gays e lésbicas. Mas escolhi um nicho, "mulheres acima de 35 anos à procura de marido", para anunciar o livro porque acredito que elas (você) formem o meu melhor grupo de consumidores.

POR QUE "INTERESSAR-SE" POR MULHERES?

As mulheres são um nicho desprezado quando se busca um marido. Calma, eu não estou sugerindo que você tenha interesses "românticos" por outras mulheres, se for heterossexual! Mas um fato é inegável: elas têm muito mais disposição do que os homens para armar um *blind date*, um encontro às escuras, ou seja, uma saída ou um programa para apresentar uma amiga e um amigo solteiros que não se conhecem. Certas mulheres devem ser o seu nicho-alvo porque têm maior probabilidade de "comprar" o seu pedido para fazer apresentações. São mulheres "interessantes" para você.

Assim sendo, sua tarefa no Passo 9 é identificar seis amigas ou conhecidas, marcar um encontro com cada uma delas e pedir, diretamente, que lhe apresentem a um candidato a marido. Não é tão simples quanto parece. Isso é diferente do que você já fez no passado. É uma empreitada estratégica, com o objetivo de identificar, sistematicamente, mulheres com um alto potencial de conhecer homens solteiros e fazer com que elas trabalhem com afinco para lhe fazer apresentações.

OS OBJETIVOS DE SEUS ENCONTROS

Os quatro objetivos dos seus encontros com mulheres "interessantes" são:

1. Fazer com que elas fiquem cientes de seu objetivo de se casar.
2. Pedir a elas, de maneira explícita, que a apresentem a homens solteiros.
3. Pedir para que pensem em bons candidatos que conheçam mas de quem não estão se lembrando no momento.
4. Solicitar que perguntem a amigos e parentes (que, por sua vez, também devem perguntar aos amigos e parentes *deles*) se conhecem alguém para lhe apresentar.

O último objetivo pode ser o mais importante, pois dá início a um poderoso processo de marketing "viral" – ou seja, espalha a notícia no mercado – que pode trazer resultados inimagináveis.

COMO ESCOLHER MULHERES "INTERESSANTES"

Não é *qualquer* mulher que está qualificada para este passo. Elas devem ser selecionadas cuidadosamente para sua campanha de marketing, tendo em mente cinco critérios:

Critério nº 1 – Ser casada: As mulheres casadas não estão (ou pelo menos não deveriam estar) em busca dos homens solteiros que você quer conhecer. Não haverá conflito de *interesses*.

Observação: Um cuidado que se deve ter aqui é não escolher uma mulher casada que tenha irmãs ou amigas íntimas solteiras na mesma cidade onde vocês moram. Ela pode estar de olho em alguém para apresentar a elas – a não ser que você seja completamente diferente das irmãs e das amigas. Nesse caso, ela está qualificada para o papel.

Critério nº 2 – Ser feliz no casamento: As mulheres que são felizes no casamento em geral desejam que outras pessoas também o sejam e têm maior probabilidade de ser despojadas o suficiente para ajudar você. Além disso, não estarão preocupadas com seus próprios problemas conjugais e, assim, emocionalmente disponíveis para concentrar-se em você.

Critério nº 3 – Ser bem relacionada: As mulheres que têm mais chances de conhecer homens disponíveis, ou pessoas que os conheçam, para lhe fazer apresentações são aquelas que possuem uma ampla rede de amigos, vizinhos, parentes, colegas de trabalho (ou colegas do marido), colegas de turma em cursos ou academias de ginástica, rede de contatos com ex-colegas de escola ou faculdade, etc.

Critério nº 4 – Ser confiável: As mulheres com quem você pode contar (*não* as frívolas, as amalucadas ou as muito ocupadas) são aquelas que vão levar a sério o seu pedido e que vão agir, dando telefonemas e fornecendo o número do seu telefone a bons candidatos.

Critério nº 5 – Ter experiência na função de "casamenteira": Conhecer alguém que já bancou a casamenteira e tem experiência no assunto seria ótimo para você. Se essa pessoa foi bem-sucedida na tentativa anterior, provavelmente vai gostar da oportunidade de aproximar outro casal, compartilhando a alegria de ver os dois juntos e felizes.

SOLUCIONANDO PROBLEMAS

E se eu não conhecer seis mulheres que se adaptem a esse papel?

Você deve estar pensando: "Não conheço seis mulheres casadas, felizes no casamento, bem relacionadas, confiáveis e com experiência em arranjar casamentos." Mas garanto que você conhece seis mulheres que preenchem *a maior parte* dos critérios, o que já é um bom começo. Vá além de sua agenda de endereços.

Lembre-se de pedir à sua Mentora que a ajude também nesse ponto. Pense em mulheres de qualquer idade (Que tal uma das amigas de sua mãe? Ou da sua filha adulta?), em qualquer nível de amizade (Sua colega de faculdade de 20 anos atrás? Alguém que acabou de conhecer na academia? A amiga de uma amiga?) e em outras cidades (Sua velha amiga que mora em outra cidade pode estar surpreendentemente bem posicionada para explorar uma rede de pessoas e descobrir amigos de amigos na *sua* cidade).

Vou lhe dar alguns exemplos. Jackie, uma cliente de Los Angeles, de 58 anos, foi passar férias no Havaí com o filho adolescente. No período em que esteve hospedada num hotel de luxo, ela fez amizade com a moça que recebia os hóspedes. Era uma mulher jovem, extrovertida, de quase 30 anos, que queria se mudar para Los Angeles no ano seguinte para estudar arte dramática. Jackie marcou um encontro com ela no bar do hotel no final do expediente para falarem sobre Los Angeles. Na verdade, ela estava pensando no *Programa*. Jackie, que tem contatos no mundo do cinema e do teatro, ofereceu-se para ajudar a recepcionista mais tarde, quando ela se mudasse. E, sutilmente, foi desviando o rumo da conversa até falar de seu recente divórcio e da dificuldade de conhecer homens interessantes e disponíveis. Então, comentou: "No seu trabalho, você deve ter muito contato com gente que mora em Los Angeles. Se conhecer um homem solteiro, mais velho, que esteja hospedado aqui no hotel, lembre-se de mim. Você seria uma excelente casamenteira!" A moça disse que teria prazer em ajudar. Elas trocaram cartões e prometeram ficar em contato. Jackie soube abrir os horizontes de seus conhecimentos para agendar esse "encontro".

Um outro exemplo é Maureen, uma amiga de 39 anos que me achou "interessante" e conversou comigo por telefone, pedindo que a ajudasse a encontrar homens solteiros na cidade onde estava morando, Portland, no Oregon. Apesar de morar em

Denver, no Colorado, e não conhecer ninguém em Portland, fiz duas coisas:

Em primeiro lugar, examinei o banco de dados on-line do grupo de ex-alunos de minha faculdade e selecionei-os por cidade. Descobri três homens que moravam em Portland. Eu só conhecia um deles, que era casado, mas enviei-lhe um e-mail e falei dessa maravilhosa amiga de 39 anos que não conhecia quase ninguém em Portland e adoraria ser apresentada a homens solteiros. Um dos colegas de trabalho dele era desimpedido e, algum tempo depois, ligou para Maureen e convidou-a para saírem juntos.

Em segundo lugar, perguntei a várias amigas em minha cidade se conheciam alguém em Portland. A maioria disse que não, mas minha mãe, que estava me fazendo uma visita, ouviu-me perguntar a uma pessoa no telefone sobre homens disponíveis naquela cidade e teve uma idéia: ela acabara de fazer uma excursão a Londres com um grupo do qual fazia parte um casal de Portland, que havia falado muito a respeito de um filho solteiro, de cerca de 40 anos. Infelizmente, ele morava em Seattle. Mas minha mãe decidiu telefonar para o casal assim mesmo e conseguiram marcar um encontro às escuras entre Maureen e o rapaz para dali a um mês, quando ele fosse passar o Dia de Ação de Graças com os pais.

Bem, Maureen *não* se casou com nenhum dos dois candidatos, mas ambos eram pessoas atraentes e interessantes, com quem ela passou momentos agradáveis. Eu lhe dei esperanças de que existem bons partidos naquela região. Melhor ainda, o rapaz de Seattle contou a Maureen que ele havia experimentado e gostado muito de um serviço de "encontros para almoço" que existia em Seattle. Minha amiga nunca ouvira falar nisso, mas, alguns meses depois, quando chegou ao Passo 11, Marketing de Massa, ela procurou na lista telefônica e descobriu um serviço semelhante em Portland. Então, resolveu inscrever-se. Era um serviço caro, mas ela deduziu da dotação orçamentária e ficou esperando que algo de bom acontecesse. O segundo encontro de Maureen foi com o homem que se tornou seu marido dez meses depois!

Esse exemplo demonstra como o nicho de mercado pode funcionar de maneiras que vão muito além da nossa imaginação. Minha amiga acabou encontrando o seu homem especial através de uma "dica" que recebeu num encontro com um sujeito de uma outra cidade, agendado pelos pais dele, que conheciam a mãe de uma amiga por quem ela demonstrou "interesse" (eu)! Como o mundo é pequeno! Lembre-se, é um jogo de volume. Nunca se sabe o que pode resultar de uma apresentação aleatória, um encontro casual ou uma tentativa de experimentar algo novo.

E se eu for inibida demais para pedir que façam apresentações?

Se você está pensando "É uma situação muito constrangedora pedir a seis mulheres que me apresentem a homens solteiros", volte ao Passo 1, Foco de Marketing, e pergunte a si mesma se está realmente decidida a encontrar um marido. Nada que tenha valor é fácil, por isso sua única opção é assumir os riscos e mergulhar de cabeça. Caso contrário, volte à terapia ou vá se lamentar com suas velhas amigas – que, por sinal, já estão cheias de ouvi-la choramingando! Você pode passar horas no terapeuta, analisando por que não teve coragem de pedir a alguém que lhe fizesse apresentações, por que não conseguiu ser firme em seus propósitos e blablablá... Isso é perda de tempo e energia. Será que sou cruel por não compreender o quanto isso é difícil para você? Não, eu compreendo muito bem, mas sou obrigada a lhe dar o seguinte conselho: "*Faça o que estou dizendo!*"

Pense dessa forma: o que você faria se sua casa pegasse fogo numa noite de inverno? Ficaria sentada lá dentro, preocupando-se por não encontrar o casaco ideal para vestir? Não! Você correria para fora porque a casa estaria em chamas. É preciso fazer o que for necessário para alcançar o resultado que desejamos.

Saia do incêndio da introspecção e da falta de confiança em si mesma. Acredite em mim (e em todas as mulheres que o fizeram): O *Programa* funciona mesmo.

Para as solteiras que sofrem de uma timidez descomunal e não conseguem sequer imaginar a possibilidade de pedir diretamente a seis mulheres que lhe façam apresentações, a segunda melhor atitude é entrar em contato com elas por e-mail ou por carta. Talvez consigam armar-se de coragem se não tiverem de fazer o pedido cara a cara. Esse método é menos pessoal e pode não ser tão eficaz, mas é melhor do que simplesmente pular este passo.

COMO PEDIR A ALGUÉM QUE LHE FAÇA UMA APRESENTAÇÃO

Pedir a alguém que lhe arranje um encontro é uma habilidade importante que você precisa dominar, pois fazê-lo com maestria não é tão fácil como pode parecer. Lembre-se: seu único objetivo é conseguir encontros. É preciso ser direta quando pedir. Após identificar a primeira mulher interessante deste passo, telefone para ela e teste o seu método. Tente sugerir um encontro que a agrade de alguma maneira especial. Ela gosta de comer? Convide-a para almoçar. É louca por exercícios físicos? Sugira um encontro na academia. Ela é do tipo Imelda Marcos? Sugira dar um pulo na liquidação de uma boa loja de sapatos. Quando telefonar, diga que ligou "só para saber das novidades e para que possam se ver". Se você nem a conhece porque ela é amiga de uma amiga, converse superficialmente sobre qualquer coisa que tenham em comum. Não diga nada ainda sobre o verdadeiro motivo do telefonema.

Não seria comum selecionar alguém de outra cidade para ser uma dessas seis pessoas, mas, se você conhece alguém que valha a pena, que esteja numa posição excelente para conhecer pessoas e fazer apresentações, não pense duas vezes e marque um "encontro telefônico". Pode ser uma pessoa que morava em sua cidade e teve de se mudar, ou alguém que, simplesmente, tenha muitos contatos em todas as partes do país. Um "encontro" por telefone não costuma criar o mesmo elo que se forma quando dois indivíduos passam algumas horas frente a frente, mas é possível facilitar a situação. Dê um primeiro telefonema para combinar um horário mais tranqüilo em que vocês possam conversar durante uns 30 minutos.

Quando estiver no encontro com uma "mulher interessante", passe a primeira metade do tempo conversando sobre a vida dela: seja uma boa ouvinte e faça perguntas. Ela vai gostar disso (e vai gostar de *você*). Assim, estará reforçando ou formando uma afinidade. Aos poucos, vá direcionando a conversa para a *sua* vida. É nesse ponto que você vai comentar o quanto está difícil conhecer homens disponíveis. Conte algumas histórias tristes ou engraçadas sobre as suas tentativas e dificuldades de namoro. Conquiste a solidariedade dela. E, então, fale sem rodeios: "Sabe de uma coisa? Você poderia me ajudar nessa situação. É exatamente o tipo de pessoa que poderia mudar minha vida. Você conhece algum homem solteiro?" Embora direta, essa abordagem faz com que a outra se sinta importante.

Provavelmente, ela vai perguntar que tipo de homem você está procurando, e, como aprendeu no Passo 4, Expansão de Mercado, você vai ampliar sua rede. Não recite a sua velha lista de cinco ou dez critérios. Diga que está aberta a um amplo leque de opções e que simplesmente está à procura de "alguém especial". Cite alguns exemplos que ela talvez se esqueça de levar em consideração: pais que têm a guarda dos filhos, homens mais novos, bem mais velhos, que morem em outras cidades ou que tenham profissões incomuns.

Há uma grande probabilidade de que ela responda com um comentário decepcionante, mas sincero: "Bem que eu gostaria de lhe apresentar alguém, mas não conheço homens solteiros." É aqui que você entra em ação. Responda: "Ora, você pode não conhecer homens solteiros, mas talvez haja algumas possibilidades que não lhe estejam ocorrendo. Vamos pensar!" E faça perguntas como as quem vêm a seguir, que você já preparou e adaptou ao caso dela antes do encontro:

- E os colegas de trabalho do seu marido? A turma do futebol?
- Você não se lembra de ninguém daquele curso de fotografia que está fazendo?
- Que tal um pai descasado da escola de seu filho?
- Você viu alguém interessante naquela reunião de ex-colegas da faculdade que teve no mês passado?
- Você não acabou de me contar que seu primo se divorciou?
- Você se incomodaria em perguntar às suas amigas da ioga se elas conhecem algum homem desimpedido que seja uma pessoa agradável?
- Você tem algum amigo(a) que possa conhecer homens solteiros através do emprego ou círculo de amizades?

O que você espera é que a resposta dela a algumas dessas perguntas seja: "É mesmo! Como pude me esquecer? Eu conheço um solteiro... Deixe-me perguntar a ele se ainda está disponível", ou "Que ótima idéia! Vou perguntar às minhas amigas da próxima vez...". Se você conseguir abrir uma porta, continue com as perguntas, pois pode acabar conseguindo mais de uma apresentação num só encontro. Mas, se ela não tiver nenhuma idéia depois que você lembrou tantas possibilidades, encerre a conversa com uma frase de efeito: "Bem, eu ficaria muito agradecida se você continuasse a pensar nisso por algum tempo. E, por favor, peça às suas amigas por mim. Mulheres sozinhas como eu dependem da ajuda de mulheres bem casadas e felizes como você."

ENFRENTANDO A REJEIÇÃO

E se a sua amiga "interessante" recusar-se a ajudá-la sem um bom motivo? (Bem, antes de mais nada, ela é uma nojenta!) Sem problemas: ela pode dizer que não conhece mesmo ninguém, que detesta bancar a casamenteira ou que já tentou arranjar marido para outras três amigas solteiras e não conseguiu. Uma mulher como você, que tem um objetivo em mente e corre atrás dele, não vai se deixar desanimar por uma rejeição. Considere isso mais uma experiência de vida. Não conclua que seus outros cinco encontros terão o mesmo resultado. Siga em frente. E não se surpreenda se aquela "nojenta" telefonar para você seis meses depois para lhe dar a emocionante notícia de que acabou de conhecer um homem solteiro maravilhoso, que sentou ao lado dela numa viagem de avião e que seria perfeito para você...

RELAÇÕES PÚBLICAS: VISTA-SE PARA DESLUMBRAR

Da mesma maneira que faria num primeiro encontro com um homem interessante, não se esqueça de vestir-se muito bem e de estar com a melhor aparência possível nesses encontros com mulheres "interessantes". A não ser que vocês se encontrem na academia de ginástica, vá ao cabeleireiro fazer uma escova para essa ocasião especial. Dedique meia hora à maquiagem. Escolha bijuterias e acessórios bem elegantes. Essas mulheres precisam ver você como os homens a quem vão apresentá-la irão vê-la. Nenhuma delas vai querer passar pelo vexame de apresentar uma amiga mal-ajambrada ao patrão do marido. Além disso, terão de descrevê-la para os candidatos que conseguirem. Por isso, lembre-se de anunciar a "nova você". Mantenha-se consistente com sua nova marca, utilizando suas roupas e temas de conversas como formas de mostrar coerência. E, definitivamente, pague a conta do almoço. Deduza do seu orçamento. "Faço questão" é uma maneira sutil de demonstrar que ela pode recompensá-la de "outras maneiras".

ACOMPANHAMENTO DO ENCONTRO

Assim como faria qualquer pessoa eficiente que trabalha com vendas, uma mulher que segue O *Programa* sempre faz o acompanhamento de suas estratégias. Isso é vital para o sucesso do Passo 9. Lembre-se de que encontrar um marido é a *sua* prioridade número um, mas não é a razão de vida dessas seis mulheres. Elas têm várias outras preocupações, e é preciso lembrá-las da conversa de vez em quando. Se alguma delas lhe falar de um homem a quem gostaria de apresentá-la e, depois de uma semana, não entrar em contato, telefone. Mantenha uma conversa curta e alegre (ou deixe uma mensagem na secretária eletrônica), falando sobre o quanto gostou de encontrá-la na semana anterior e dizendo que mal pode esperar pelo momento de conhecer fulano de tal. Se mais uma semana se passar, não tenha vergonha: envie um bilhete simpático ou um e-mail falando sobre o quanto está ansiosa por conhecer o sujeito que ela mencionou. Fazer mais de duas lembranças já passa a ser desagradável, por isso deixe-a em paz. É provável que você ainda tenha notícias dela sobre a apresentação, mas não fique parada esperando. Continue saindo com mulheres "interessantes" neste passo e não permita que a reação negativa de qualquer uma delas a desanime. Não há tempo a perder.

FAÇA-AS VESTIR A CAMISA

Um bom administrador tenta passar aos seus funcionários um sentimento de parceria no trabalho. No mundo dos negócios, os empregados se sentem mais motivados para promover o sucesso de um projeto quando acreditam que são, de alguma forma, responsáveis pelos resultados. Os gerentes criam esse sentimento de quatro maneiras:

1. Mantendo os empregados informados sobre tudo o que tiver importância no projeto.
2. Reforçando o quanto o projeto é importante para a empresa.
3. Oferecendo um reforço positivo.
4. Não dizendo a eles como devem fazer seu trabalho.

Você deve aplicar essas lições de administração, cuja eficiência já foi comprovada, às seis mulheres escolhidas para a realização deste passo. Você as identificou como seu nicho-alvo de mercado por vários motivos e agora precisa maximizar o potencial de cada uma delas.

O que você fez no passado? Provavelmente perguntou a várias amigas se conheciam alguém para lhe apresentar. Algumas disseram sim, outras, não. Se disseram sim, apresentaram você a um ou dois solteiros. E pronto. O poço secou. Mas, se você realmente deseja usar essas seis mulheres de maneira efetiva, precisa criar nelas um sentimento de parceria. Elas precisam "vestir a camisa".

Você precisa mantê-las informadas sobre tudo o que for importante. Se elas a apresentarem a alguém, telefone ou mande um bilhete logo depois (lembra-se daqueles cartões de agradecimento que comprou antes de começar O *Programa?*), agradecendo e dividindo com elas alguns pequenos detalhes sobre o encontro. Se foi uma experiência negativa, vá devagar com as críticas para não desmotivá-las a prosseguir na busca. Demonstre o quanto está agradecida por elas terem se dado ao trabalho de lhe fazer uma apresentação, mesmo que não tenha dado certo. E se você encontrar um homem que não tenha sido apresentado a você por nenhuma delas, não deixe de mantê-las informadas. É preciso cultivar o apoio de todas ao seu projeto, comunicando-se com elas regularmente.

É bom também demonstrar seu agradecimento de outras formas, reforçando o quanto elas são importantes na sua empreitada. Você precisa manter-se na memória delas. Lembre-se de que elas formam o nicho de mercado de maior potencial para você e podem mudar sua vida. "Faça-lhes a corte." Nas ocasiões propícias, envie cartões de aniversário bem calorosos, compre pequenos presentes (flores, um porta-retratos, um lenço) e esteja sempre atenta às oportunidades de ajudá-las. Se uma delas for corretora de imóveis e você souber que seu vizinho está pensando em comprar um novo apartamento, apresente-os. Ela ficará satisfeita com a indicação e poderá até retribuir o favor fazendo um esforço extra para encontrar solteiros para lhe apresentar. Assim, você estará agindo como uma empresária eficiente que, numa única cartada, cria incentivos e estimula a lealdade do consumidor!

Compreenda que gratidão não é o mesmo que reforço positivo. A gratidão se limita a dizer "muito obrigada", mas o reforço positivo é um elogio por um trabalho bem-feito. As pessoas gostam de sentir que estão dando uma contribuição ímpar quando trabalham num projeto importante. Quando agradecer, não se esqueça de fazer referências específicas a algo especial, inteligente ou interessante que cada uma delas tenha feito.

Cada um tem um estilo próprio de juntar casais. Algumas mulheres ficam esperando até que um *príncipe* apareça antes de apresentá-la a alguém. Elas acham que "não é qualquer um que pode ser digno de você!". Outras a apresentam a *qualquer* homem que apareça: "ser desimpedido" e "estar vivo" são os únicos critérios exigidos. Algumas dão o número do seu telefone a um candidato, mas, se ele não telefonar, elas nem se mexem. Outras planejam com cuidado o seu primeiro encontro e querem se envolver de todas as maneiras. Às vezes marcam um encontro duplo, em que ela e o marido também estão presentes, ou dão uma festa para fazer a apresentação, acreditando que você e ele vão se sentir mais à vontade se estiverem no meio de outras pessoas. O importante é não ensinar a elas como fazer o trabalho. Seja apenas gentil e agradecida por qualquer que seja o método de apresentação que elas prefiram, desde que o resultado seja a seu favor e para o seu bem.

PASSO 10

TELEMARKETING

Traga sua coleção de cartões de visita

O QUE APRENDI NA HARVARD BUSINESS SCHOOL

O telemarketing pode ser uma estratégia surpreendentemente eficaz. Você acredita que cerca de 4% das pessoas que são procuradas por empresas de telemarketing acabam comprando um produto que lhes é oferecido pelo telefone? A maioria de nós provavelmente imagina que ninguém faria uma compra através dessas incômodas chamadas. Entretanto, do ponto de vista de negócios, o telemarketing é bastante lucrativo. O custo para que computadores disquem por dia milhares de números e para empregar uma pequena equipe de vendas é muito pequeno. Se a resposta for 4% (muitas vezes mais alta, dependendo do produto e do quão "qualificado" é o número – ou seja, se é o número de alguém que já fez outras compras por esse método), a empresa conseguirá ter lucro. Para que as vendas por telefone sejam eficientes, elas devem ser breves, persuasivas e ter um forte apelo à ação. Um bom marqueteiro nunca usaria o telemarketing como *única* estratégia de venda, mas certamente incluiria essa tática na estratégia geral de propaganda.

O QUE É A ESTRATÉGIA DE TELEMARKETING?

É melhor eu já ir avisando que você *não* vai gostar muito deste passo! Mas continue a leitura. Minhas clientes e participantes de seminários sempre torcem o nariz quando ouvem o que isso significa. Mas pode confiar em mim, pois os resultados são muito bons. Preste atenção: você vai telefonar para todas as pessoas que conhece e pedir a cada uma delas, diretamente, que lhe faça uma apresentação. Quando digo todas as pessoas, quero dizer *todas*. Isso inclui homens e mulheres de diferentes idades, seus familiares, amigos e conhecidos cujos nomes estão na sua lista de telefones, na sua agenda eletrônica, na sua coleção de cartões de visita ou na sua lista de ex-colegas (do ensino médio, da faculdade, até da colônia de férias que você freqüentava milhões de anos atrás). Inclui também todas as pessoas que lhe prestaram algum serviço (corretores de imóveis, advogados, médicos, dentistas, veterinários, cabeleireiros, floristas, agentes de viagens, professores, vendedores, contadores, corretores da bolsa de valores, gerentes de banco, funcionários da academia de ginástica...), todos os vizinhos (antigos e atuais), todos os membros dos grupos aos quais você pertence (terapia, cursos) e, decididamente, todos os ex-namorados ou homens com quem já saiu, se vocês terminaram de maneira amigável. Enfim, telefone para qualquer pessoa que já conheceu!

Se você tiver cerca de 45 anos de idade, deve ter filhos ou filhas crescidos, sobrinhos, sobrinhas ou filhos e filhas de amigos para quem possa ligar. Com a taxa de divórcio tão alta dos dias de hoje, muitos filhos têm pais divorciados esperando por apresentações.

E não se limite a telefonar somente para pessoas da sua cidade. "O mundo é pequeno" – esse é um dos clichês mais verdadeiros que conheço. Lembra-se da história de Maureen? Nunca se sabe que tipo de contatos uma pessoa tem em outras cidades.

Talvez sua lista chegue a 500 nomes. Mas, se você tiver apenas uma pequena fração desse número, também está bom. Telefone para todos, sejam próximos ou distantes de você.

Por curiosidade, talvez você queira saber como criei este passo. Há muitos anos, quando comecei a ajudar mulheres a arranjar maridos e só tinha tempo para trabalhar com uma cliente de cada vez, eu mesma fazia essas chamadas de telemarketing. Literalmente, eu me sentava junto ao telefone por várias horas e ligava para todas as pessoas que conhecia, perguntando: "Você conhece alguém na cidade X para apresentar à fulana de tal?" Não obtive contatos em todas as chamadas, mas consegui o suficiente para saber que o método funciona. Uma cliente, Ava, acabou conhecendo seu marido devido a uma série de eventos que se iniciaram através de uma de minhas chamadas de telemarketing. Ava morava em Saint Louis, mas uma das amigas para quem telefonei disse que conhecia um bom candidato em Los Angeles. Perguntei a Ava se tinha planos de ir a Los Angeles e ela respondeu: "Não, mas farei esses planos." (Essa é a atitude do *Programa!*) Ela telefonou para uma amiga naquela cidade e disse que iria visitá-la porque eu a estava apresentando a alguém que morava lá. A amiga respondeu: "Bem, já que você vai estar por aqui, eu também gostaria de apresentá-la a alguém. O nome dele é Charles." Já adivinhou o que aconteceu? Ava e Charles se casaram um ano depois.

Esses telefonemas podem funcionar de maneiras inesperadas. Mas, agora, você precisa fazê-los por si mesma, a não ser que conheça alguém que tenha a mesma paixão que eu tive por encontrar um marido para minhas primeiras clientes e resolva fazer as ligações por você...

OBJETIVOS DO TELEMARKETING

No Passo 9, Nicho de Mercado, você se "interessou" por seis mulheres e pediu a elas que lhe fizessem apresentações. Passou um bom tempo alimentando esses relacionamentos e criando um espírito de parceria. Agora, no Passo 10, vai pedir a algumas centenas de pessoas que lhe apresentem a alguém. Você estará usando uma abordagem mais massificada e não terá tempo para um enfoque mais profundo, devido ao grande número de pessoas da lista.

Os objetivos desses telefonemas são:

1. Expressar o seu empenho em encontrar um companheiro.
2. Demonstrar o quanto você precisa dessa pessoa e o quanto ficaria agradecida pela ajuda prestada.
3. Não passar mais de 5 a 15 minutos no telefone com cada pessoa.
4. Conseguir um encontro às escuras para cada 10 telefonemas.

Pode levar algum tempo até os resultados começarem a aparecer. O objetivo de conseguir um encontro para cada dez ligações significa que, durante vários meses, se você tiver feito 100 telefonemas, deverá ter gerado dez encontros. Lembre-se de que você está plantando as sementes, por isso tenha paciência. Poucas pessoas terão candidatos imediatos para lhe apresentar, mas você está anunciando a sua disponibilidade. Essas pessoas vão seguir em frente com suas próprias vidas e, quando se depararem com homens solteiros (o que sempre acaba acontecendo), esperamos que seu nome seja lembrado.

FUNDAMENTOS LÓGICOS DO TELEMARKETING

Por que passar por essa verdadeira tortura? Além do meu sucesso pessoal com o telemarketing, as estatísticas falam por si. De acordo com Edward Laumann, doutor em Sociologia e professor da Universidade de Chicago, "50% das pessoas que hoje estão casadas ou morando juntas foram apresentadas por amigos ou familiares". Logicamente, você deve procurar o tesouro em seu próprio quintal e telefonar para todos que conhece. No mundo dos negócios, ouvi milhões de vezes a frase: "O importante não é o que você sabe, mas quem você conhece." Isso é ainda mais verdadeiro no mundo dos relacionamentos.

A boa notícia é que, ao contrário do que acontece com os verdadeiros profissionais de telemarketing, você não é totalmente desconhecida dos indivíduos para quem irá ligar. Muitos terão prazer em falar com você. Embora sabendo da sua condição de solteira, muitas pessoas não tiveram a idéia de apresentá-la a algum conhecido. Uma chamada direta à ação faz-se necessária.

Priorize sua lista de chamadas de maneira a telefonar primeiro para quem tiver maior probabilidade de lhe fazer apresentações. Converse com cada uma delas por não mais do que 5 ou 15 minutos. Afinal, seu desejo é conseguir o maior volume, investindo o menor tempo possível.

A taxa de rendimento das ligações de telemarketing é, em geral, baixa. Se um produto típico de uma empresa apresenta a média de 4% de rendimento através de ligações para desconhecidos, é razoável acreditar que você possa alcançar uma taxa maior, pois suas ligações serão feitas para pessoas que conhece. Grande parte de minhas clientes conseguiu 10% de rendimento. Se você ligar para 200 pessoas, terá chances de conseguir 20 apresentações, que irão surgindo ao longo do ano. Quando foi a última vez que você conseguiu tantos encontros fora da Internet? Mesmo com uma taxa de rendimento baixa, vale a pena tentar essa estratégia, pois o mais importante é que ela aumenta as suas probabilidades de encontrar um marido. Você só precisa de *um* homem para se casar, por isso, ainda que só consiga uma única apresentação (o pior cenário possível), ela pode ser mais do que suficiente.

Quem pode saber qual daquelas pessoas do outro lado da linha é a que vai apresentá-la ao seu futuro marido? Pode acontecer na primeira ou na centésima chamada. Pode acontecer através da pessoa mais provável da lista, ou da mais surpreendente. Duas de minhas histórias de sucesso favoritas, resultantes deste passo, aconteceram a Beth, uma mulher de 37 anos que mora em Nova York, e Joan, de 68 anos, que mora na Califórnia. Eu pedi a ambas que narrassem suas histórias.

ESTUDO DE CASO:
A HISTÓRIA DE TELEMARKETING DE BETH

Minha lista de chamadas tinha 172 nomes, o que me deixou surpresa. Pensei que fosse ter a metade desse número. Mas, quando fui me lembrando de todas as pessoas que conheci ao longo dos anos, a lista foi crescendo sem parar. Muitos nomes eram de pessoas bem relacionadas em Nova York, inclusive o meu chefe e o corretor de imóveis que me mostrou o apartamento que comprei no ano passado.

Mas minha lista também incluía pessoas como Rose, com quem eu não tinha nenhum contato. Minha avó, de 80 anos, mora numa comunidade para aposentados na Flórida. Três anos atrás, passei um longo fim de semana fazendo-lhe uma visita. Uma tarde, jogamos cartas com Rose, que era uma de suas vizinhas e que devia ter uns oitenta e poucos anos, embora nunca revelasse a idade. Estivemos juntas por não mais que duas horas, mas lembro-me de ter gostado muito dela. Era uma mulher alegre. Sabendo que deveria incluir na lista *todas as pessoas* que conhecesse, ao anotar o nome de minha avó, por algum motivo, lembrei-me da vizinha e acrescentei o nome dela também. Imaginei que as duas só conheceriam homens de mais de 80 anos, mas coloquei-as na lista assim mesmo.

E o que aconteceu? Liguei para minha avó primeiro e recitei a minha história (embora ela já a conhecesse bem demais). Antes que desligássemos, pedi o número do telefone de Rose. Liguei para ela logo em seguida e disse que naquele ano eu estava me dedicando seriamente a procurar um homem com quem passar o resto de minha vida. Ela ouviu com atenção e disse que ia ficar de olhos bem abertos por mim.

Fiz inúmeras outras chamadas da minha lista de telemarketing e fui a alguns encontros. Mas ninguém me deixou entusiasmada. Três meses depois, recebi um telefonema de Rose. Ela estava conversando com uma outra senhora com quem jogava bridge, que lhe falou de um sobrinho de 40 anos que morava aqui por perto, em Long Island. Rose e a amiga marcaram um encontro entre nós dois. Minhas expectativas eram baixas, mas nós nos adoramos à primeira vista e namoramos cerca de dois meses. No final, ele ainda não era o homem ideal para mim, mas essa história mostra que nunca se sabe onde as possibilidades se escondem.

ESTUDO DE CASO:
A HISTÓRIA DE TELEMARKETING DE JOAN

Telefonei para 206 pessoas da minha lista de telemarketing. Achei a situação bastante constrangedora, embora tenha sido bem recebida pela maioria das pessoas com quem falei. O número 203 era uma mulher chamada Helen. Nós éramos amigas no ensino médio, mas não nos falávamos há quase dez anos. Ela havia enfrentado graves problemas de saúde, mas estava se recuperando. Conversamos brevemente pelo telefone e ela me assegurou que não se esqueceria de mim se ouvisse falar de algum solteiro.

Algumas semanas depois, Helen me telefonou. Ela estava acabando de voltar de uma consulta médica e me disse que, ao chegar ao consultório, observou atrás da mesa da recepcionista a fotografia de um homem mais velho e muito charmoso. Helen perguntou à recepcionista quem era ele e a moça respondeu: "É meu pai. Desde que ele e minha mãe se divorciaram, estou tentando encontrar uma pessoa para ele." Naturalmente, Helen lembrou-se de mim!

Helen disse à recepcionista que conhecia uma pessoa especial para apresentar ao pai dela. Trocaram números de telefone e marcaram um encontro entre mim e Jason, o homem da foto, que se mostrou muito relutante no início. Hoje, quase um ano depois, aquela recepcionista vai se tornar minha enteada (estou noiva!). Quem poderia imaginar que o número 203 me levaria ao meu Número Um?

LEVE A TAREFA A SÉRIO

Então, mãos à obra. Ajude a si mesma a obter sucesso com a sua campanha de telemarketing. Antes de ligar para cada pessoa, pense num bom início de conversa. Comece com algumas brincadeiras, dê alguma informação que tenha a ver com os interesses de quem você está chamando ou faça uma pergunta que demonstre que se lembra de alguma coisa sobre ela. Os melhores profissionais da área afirmam que é fácil "fazer uma venda" quando conseguem estabelecer uma ligação com o cliente, trazendo à conversa algo que tenham em comum.

Determine objetivos diários ou semanais a serem alcançados e escreva-os num calendário. Por exemplo, se tiver 200 nomes na sua lista, escreva "duas ligações de telemarketing" na sua agenda todos os dias, para os próximos 100 dias. Ou faça todas as chamadas aos domingos, ligando para 15 pessoas durante 14 domingos sucessivos. Mas tente dar no mínimo cinco telefonemas por semana.

Eu sei que isso não é fácil. Gostaria muito de poder lhe dar um cartão equivalente a um "vale-marido", mas encontrar um homem para se casar num período de 12 a 18 meses requer muito trabalho. Entretanto, o resultado vale a pena.

ROTEIRO DAS CONVERSAS TELEFÔNICAS

São três os objetivos a alcançar em cada telefonema:

1. Reforçar uma ligação entre você e a pessoa chamada.
2. Comunicar que você precisa da ajuda dessa pessoa.
3. Pedir uma apresentação.

Pratique com sua Mentora o que vai dizer antes de dar o primeiro telefonema, lembrando-se sempre desses objetivos e da oportunidade de anunciar sua marca pessoal. Um bom telefonema seria mais ou menos assim:

> Oi, Paula! É Diane, sua vizinha do quarto andar. Aquela muda de manjericão que lhe dei pegou? Que bom! Espero que você não se importe por eu estar lhe telefonando, mas gostaria de pedir a sua ajuda quanto a um assunto que é muito importante para mim. Resolvi que este ano vou encontrar um grande amor e ficaria muito agradecida se você pudesse me ajudar. É muito difícil conhecer gente nova. Eu fico um pouco sem graça de pedir, mas estava pensando... Você conhece algum homem solteiro para me apresentar?

Se ela não se lembrar de ninguém, dê algumas idéias gerais, como: "Talvez um parente, ou um colega de trabalho? Ou um de seus amigos, ou amigos de seu marido?" Fale também sobre organizações ou grupos aos quais ela pertença: "Você acha que alguma mulher nas suas aulas de cerâmica conheceria um homem interessante?"

Como já vimos, as pessoas em geral não têm nomes de bons partidos na ponta da língua. Principalmente quando, não mais que de repente, recebem um telefonema como esse. Então, não se deixe desencorajar quando a resposta típica for: "Que pena! Bem que eu gostaria de ajudar, mas não conheço nenhum solteiro."

Você deve responder: "Tudo bem! Espero que você não tenha se importado por eu ter feito esse pedido... Não é fácil arrumar coragem para dar um telefonema assim. Mas, se você não se importar, pense mais um pouco a respeito. Talvez você possa perguntar ao seu marido ou amigos. Eu ficaria muito agradecida – mesmo que conheça alguém daqui a vários meses, por favor, lembre-se de mim."

Se ela perguntar que tipo de homem você procura, já sabe o que responder: "Alguém especial. Estou aberta a qualquer um que você ache que eu possa gostar de conhecer."

Quando você amplia a sua rede com uma resposta como essa, o poder de escolha está em *suas* mãos. Deixe que os outros lhe apresentem uma variedade de homens, encontre-se com todos eles e, então, decida quais você gostaria de conhecer mais profundamente. Isso é melhor do que deixar que os outros excluam um candidato antes mesmo que você o tenha conhecido.

ACOMPANHAMENTO DAS CHAMADAS

É essencial fazer o acompanhamento de qualquer resultado que possa aparecer. Pegue o diário que você usou no Passo 7, Marketing On-line, e anote cada chamada bem ou malsucedida que fizer. Se uma mulher da lista lhe disser que tem alguém em mente mas não se comunicar com você dentro de dez dias, ligue para ela. Como você está discando centenas de números, precisa manter as comunicações organizadas. Desenhe seis colunas no seu caderno seguindo o exemplo da página seguinte:

DIÁRIO DE TELEMARKETING					
Data	Nome	Contato feito ou recado?	Alguma possibilidade	Acompanhamento necessário	Comentários
20/11	Amy Perkins	contato feito	vai perguntar ao marido sobre colega de trabalho	ligar em 30/11 para acompanhar	muito prestativa: marido trabalha na IBM e tem muitos colegas do sexo masculino
24/11	Gina Ryman	recado na secretária eletrônica	sem resposta	ligar em 29/11, se ela não retornar a ligação	sem resposta
6/12	Bob Regis	contato feito	vai me apresentar ao colega de pôquer, Tom Kuhn	encontro agendado para 12/12	Tom é divorciado e tem duas filhas

É preciso ser bastante rigorosa com essas anotações e muito organizada com os acompanhamentos. Melhore ainda mais a eficiência do processo não apenas fazendo anotações no caderno, mas registrando as ações que se fizerem necessárias na sua agenda (por exemplo, "29/11: ligar para Gina Ryman para acompanhar mensagem deixada", ou "13/12: ligar para Bob Regis para agradecer pela apresentação de Tom Kuhn").

VOCÊ DEVE ESTAR CURIOSA PARA SABER...

E se eu não conhecer muitas pessoas?

Ouço isso com muita freqüência. Talvez você tenha se mudado há pouco tempo para uma nova cidade e ainda não tenha conhecido muitas pessoas. Talvez more numa cidade pequena. Talvez tenha levado uma vida muito solitária. Talvez muitos de seus "amigos" tenham tomado partido de seu ex-marido depois que vocês se divorciaram e você *jamais* poderia telefonar para eles. Se já fez o que podia para aumentar sua lista de chamadas, lembrando-se de todo mundo que conhece, então não se preocupe. O telemarketing funciona com 20 ou com 200 chamadas. As oportunidades diminuem nas listas menores, mas você ainda pode esperar uma taxa de respostas de 10%. Com 20 pessoas na lista, pode conseguir dois encontros. Como só precisa de um único marido, ainda vale a pena.

E se a secretária eletrônica atender?

Quando fizer suas ligações de telemarketing, certamente será atendida por muitas secretárias eletrônicas. Deixe uma mensagem curta e alegre pedindo que a pessoa ligue para você, especifique os horários nos quais costuma estar em casa, mas não dê detalhes sobre o motivo da chamada. Diga apenas que tem um favor a pedir. Não revele o assunto porque a secretária é muito impessoal e fica mais difícil conseguir algum nível de envolvimento com a sua causa. É melhor ter um diálogo com cada pessoa para comunicar melhor o que você deseja e para ter chance de lembrá-la de possíveis fontes de solteiros. Uma conversa pessoal sempre estimula mais o outro a ajudá-la. É muito fácil ignorar uma mensagem numa secretária eletrônica, mas o mesmo não acontece quando se mantém uma boa conversa.

Devo telefonar para colegas de trabalho e clientes?

Deve, mas provavelmente não para todos. Você terá de usar o bom senso quanto aos que serão receptivos ao seu pedido e aos que vão achar estranho misturar relacionamento profissional e vida pessoal. Seria mais apropriado telefonar para clientes depois que as transações comerciais entre vocês estivessem concluídas. Algumas empresas adotam políticas explícitas de proibir namoro entre funcionários, mas isso não quer dizer que colegas não possam apresentá-la a um homem que trabalhe em outro lugar. Se ficar em dúvida, erre no sentido de procurar mais pessoas do que menos. Somos todos seres humanos, e acredito que você vai ficar surpresa quando descobrir o quanto as pessoas que trabalham com você podem querer ajudá-la.

E se eu não tiver o número do telefone residencial de alguém da minha lista?

Desculpas, desculpas e mais desculpas. Se você não tiver o número do telefone residencial de uma pessoa de sua lista (um colega, seu cabeleireiro, etc.), não desanime. Mande um e-mail, pergunte pessoalmente ou ligue para o escritório onde essa pessoa trabalha e pergunte a ela se haveria algum problema se vocês conversassem sobre algo não relacionado ao trabalho.

E se eu for tímida demais para fazer meu telemarketing?

Muitas mulheres alegam que são muito tímidas ou se sentem pouco à vontade com telefonemas desse tipo. Entretanto, quando o resultado é importante, a gente faz o que é necessário. Para convencer as pessoas a aderirem ao telemarketing, costumo compará-lo a um parto. Dar à luz não é brincadeira, mas milhões de mulheres se submetem a essa dor excruciante muitas e muitas vezes porque é isso o que elas precisam suportar para, depois, ter todos os anos de alegria e felicidade que virão com o nascimento de um filho.

Telemarketing não dói tanto quanto um parto – isso eu posso jurar, pois já passei pelos dois! Pergunte mais uma vez a si mesma se está realmente decidida a arranjar marido. Ser tímida pode ser um problema real para você, mas não permita que se torne um obstáculo. Os resultados deste passo podem gerar anos e anos de alegria e felicidade com seu futuro marido!

Eu não vou parecer desesperada dando esses telefonemas?

As mulheres costumam sentir-se envergonhadas de telefonar para tantas pessoas porque temem que os outros concluam que elas estão desesperadas. Mas imagine-se do outro lado da linha. O que acharia de receber um simpático telefonema de uma conhecida pedindo a sua ajuda? Tenho certeza de que, se pudesse, ficaria feliz em ajudar, e seu conceito a respeito dela não cairia por isso. Aposto que iria até admirá-la por tomar uma atitude para alcançar um objetivo.

Além disso, lembre-se de que ninguém, a não ser você, sabe quantos telefonemas estão sendo feitos. Cada pessoa pode pensar que você está ligando para duas ou três amigas e não para duzentas! Em geral é a quantidade de telefonemas que lhe dá essa sensação de desespero, mas você é a única que conhece esse número.

A rejeição é sempre uma possibilidade – como acontece em cada um dos passos do *Programa*. Assim sendo, seja otimista, mas esteja preparada para todo tipo de reação das pessoas para quem ligar. O importante é não permitir que uma rejeição a desencoraje. Você pode receber uma resposta negativa, mas 99 positivas, por isso não esmoreça e continue telefonando.

UM ÚLTIMO RECURSO

Se você ainda não se convenceu da importância deste passo, vou lhe fazer uma pequena concessão. Caso realmente prefira morrer sozinha a telefonar para centenas de pessoas pedindo que lhe façam apresentações, você pode mandar um e-mail para algumas delas, fazendo o mesmo pedido. Telefone para os nomes com maior potencial, mas pode enviar um e-mail aos outros. Esse não é o meu método preferido, pois os laços que se formam numa conversa ficam perdidos e a sua taxa de respostas certamente será menor. Mas, se você está decidida a não o fazer, enviar o pedido por e-mail será melhor que simplesmente não fazer nada.

Caso opte pelos e-mails, cuidado para não os enviar em grupo. É preciso criar uma mensagem para cada indivíduo, fazendo-o sentir-se importante, como se, sozinho, pudesse fazer uma diferença em sua vida. Se mandar uma mensagem genérica para um grupo, começando por "Queridos amigos", terá despersonalizado ainda mais o seu pedido. A mentalidade típica de grupo é que "alguém vai ajudar: não é preciso que seja eu". É claro que você pode copiar e colar a mesma mensagem em cada e-mail, personalizando uma ou duas linhas.

MOSTRE SUA GRATIDÃO

Como sempre, se um telefonema gerar alguma possibilidade de qualquer espécie, seja uma apresentação direta ou um contato indireto, através de outra pessoa que conheça um candidato, não se esqueça de demonstrar seu agradecimento. Escreva um cartão amável. Acredito que um cartão de agradecimento deva ser o mais verdadeiro e detalhado possível. Use expressões como: "Fiquei muito agradecida pela sua delicadeza de apresentar-me ao fulano." Acrescente detalhes relevantes: "Marcamos um encontro para a próxima quinta-feira e estou ansiosa para conhecê-lo", ou "Estivemos juntos para um café na sexta-feira passada e, embora não tenha havido uma química entre nós, tivemos uma conversa muito agradável e gostei muito de conhecê-lo. Acho que você já percebeu o tipo de homem que aprecio".

Se uma pessoa realmente se esforçou para ajudá-la, apresentando-a a vários solteiros ou organizando um jantar para vocês se conhecerem, não deixe de mandar um pequeno e atencioso presente. Algo que tenha um sentido pessoal – um livro sobre um assunto pelo qual ela se interesse, ou algo que possa usar nas próximas férias – é a melhor opção.

Como esses cartões e pequenos presentes vão demonstrar sua sincera gratidão, essas pessoas tenderão a repetir a gentileza. Elas vão sentir que a ajuda que prestaram foi valorizada na primeira vez. Todos nós gostamos de ser reconhecidos pelos nossos esforços e isso começa a criar a tal parceria sobre a qual já conversamos.

PASSO 11

MARKETING DE MASSA

Incremente o volume

O QUE APRENDI NA HARVARD BUSINESS SCHOOL

O marketing de massa é uma estratégia através da qual buscamos alcançar o maior número de clientes em potencial para um produto. Exemplos de táticas desse tipo incluem anúncios na televisão e outdoors. Esses métodos projetam uma ampla mensagem sobre o produto, alcançando milhões de pessoas. Nem todos prestam atenção a ela, mas muitas pessoas a absorvem e agem sob sua influência. Os profissionais de marketing nunca sabem com exatidão *quais* indivíduos irão reagir à propaganda, por isso veiculam a mensagem para um mercado bastante amplo, na esperança de atingirem o maior número possível de clientes. Por exemplo, a Coca-Cola é um produto que atrai um público muito abrangente em termos de idade, sexo, raça e localização. Assim sendo, o uso de marketing de massa, como, por exemplo, a propaganda televisiva, é o ideal, pois alcança um tipo bastante diversificado de consumidores. Um marqueteiro de sucesso tenta atingir os compradores em perspectiva através de uma variedade de canais de marketing de massa, aumentando as chances de que a mensagem promocional chegue ao maior volume possível de indivíduos.

O VOLUME É DECISIVO PARA O *PROGRAMA*

O volume é um dos princípios fundamentais do *Programa*. Lembre-se: "Quanto mais vezes você se colocar dentro da pequena área, mais chances terá de fazer um gol." Este é o passo em que você vai incrementar ainda mais o volume. Até agora, você desenvolveu dez passos que foram criando uma base sólida e muitas novas oportunidades de encontrar um companheiro. Você começou a criar volume namorando on-line, mudando sua rotina, se relacionando com mulheres cuidadosamente selecionadas e fazendo telemarketing. Entretanto, se ainda não encontrou o homem certo, está na hora de acelerar o passo e não de diminuí-lo. É preciso criar mais e mais oportunidades de encontrar um marido.

A tática de marketing de massa é uma abordagem estratégica sistemática que visa gerar uma variedade de oportunidades para conhecer homens. Por quê? Porque você já tentou várias técnicas e ainda não conseguiu encontrar o seu homem especial. Como nunca se sabe onde ele está, é preciso procurar em todos os lugares. Atingir um grande volume é, em geral, um processo cansativo e pode ser um pouco desanimador, mas, se você for organizada em sua abordagem, pode realizá-lo com sucesso.

Você vai tentar, metodicamente, um pouco de *tudo* neste passo. Eu vou ajudá-la a criar uma longa lista de oportunidades de conhecer homens – oportunidades que ainda não foram discutidas no *Programa*. Será como um bufê variado de todas as atividades relacionadas a solteiros que já existem, mais algumas outras que eu mesma inventei. Naturalmente, você não vai ter tempo nem interesse de experimentar todas elas, mas o simples conceito de uma enorme lista vai lhe mostrar que você nunca vai ficar sem opções para procurar um futuro marido. Haverá sempre algo novo a ser tentado. Essa lista deve representar a esperança de que ele possa estar bem ali, parado na esquina do próximo lugar onde você fizer sua nova tentativa.

Mesmo com toda a estratégia e planejamento que defendo neste livro, não se pode ignorar a noção de casualidade – a de estar no lugar certo, na hora certa. O marketing de massa é a postura de trabalhar com afinco para estar em *mais* lugares na hora certa, aumentando as suas chances.

Se você está solteira há algum tempo, provavelmente já tem uma dolorosa familiaridade com os locais típicos onde as pessoas desimpedidas se reúnem para se conhecerem. Você já deve ter tentado vários lugares. Entretanto, mesmo correndo o risco de chover no molhado, vou fornecer uma exaustiva lista de todas as diferentes idéias para conhecer solteiros acima de 35 anos que fui reunindo nesses anos. Minha coleção vem de artigos de jornais e revistas, sites da Internet, experiências pessoais de amigas solteiras, sugestões de pessoas que participaram de meus seminários e idéias de clientes particulares.

Infelizmente, neste passo de marketing de massa, você não pode fazer sempre aquilo de que mais gosta. Essa é uma idéia que se contrapõe aos conselhos que você ouve de amigas e de alguns autores de auto-ajuda que costumam dizer: "Faça o que ama e o resto virá!" Acredito que, se você ainda não encontrou o homem certo até agora, um dos motivos pode ser o fato de ele ter interesses diferentes dos seus. Ele não está nos mesmos lugares ou grupos que você freqüenta. Lembre-se do *Método de Pensamento do Programa*, quando aprendemos que devemos ir aonde os homens estão e não aonde gostaríamos. Bem, você agora vai estar *em todos os lugares*.

UM MÉTODO PARA A LOUCURA

Dividi em quatro categorias as muitas oportunidades de conhecer homens que coletei:

1. Grupo de solteiros.

2. Locações sociais.
3. Serviços de encontros.
4. Outros.

O seu objetivo é experimentar ativamente um item de uma categoria diferente a cada semana. Por exemplo, na primeira semana você seleciona um item da Categoria 1, na semana seguinte, da Categoria 2, e assim por diante. Nos meses que se seguirem, continue a fazer a rotatividade pelas quatro categorias o maior número possível de vezes. Para um volume extra, tente dois itens de cada categoria por semana. Tenha sempre em mente: volume, volume, volume. Embora nem tudo lhe agrade, faça um esforço para experimentar algo de que realmente não goste. A lista que você criar usando essa programação será suficiente para mantê-la ocupada nos próximos 100 anos (mas isso, é claro, não será necessário!).

A CARTEIRA DE AÇÕES
UMA LIÇÃO SOBRE DIVERSIFICAÇÃO

O principal quando se fala em volume e em rotatividade é tratar a sua procura por um marido como se fosse uma carteira de ações, buscando sempre *diversificar*. Assim como no mercado financeiro é aconselhável aplicar o dinheiro em ações diferentes para reduzir o risco, estou aconselhando que você varie as áreas de "caça a marido" nas quais vai investir seu tempo, energia e dinheiro. Se um investimento não estiver rendendo lucros, isso será contrabalançado por resultados melhores em outras áreas. Quanto mais opções você tiver em sua carteira de ações, maiores serão suas chances de aumentar suas apostas nas que obtêm um bom desempenho e livrar-se daquelas cujo desempenho deixa a desejar. Não ponha todos os ovos na mesma cesta!

COMO COMEÇAR

Primeiramente, ao usar o roteiro que se segue, você precisará organizar a sua própria lista específica de oportunidades dentro das quatro categorias de acordo com a cidade em que vive. Pegue quatro folhas de papel pautado, uma para cada categoria. Você vai anotar dúzias de grupos, lugares, serviços e idéias específicos que descobrir em sua cidade. Não se esqueça de incluir o número do telefone ou o endereço do site em cada lista. Dê a si mesma pelo menos uma semana para elaborar um cadastro completo e abundante.

CATEGORIA 1: GRUPOS DE SOLTEIROS

Os grupos de solteiros são organizações de homens e mulheres desimpedidos cujo enfoque pode ser religião, esportes, passatempos, voluntariado, política, encontros sociais ou ajuda (por exemplo, grupos de pais descasados). Existem grupos de solteiros em várias cidades, e uma das maneiras mais fáceis de localizá-los na sua região é usar um site de busca da Internet, como www.google.com.br ou www.yahoo.com.br. Digite o nome de sua cidade e a palavra "solteiros" para iniciar a busca. Digite o nome de cidades próximas também (você não vai permitir que alguns quilômetros a impeçam de encontrar um homem especial, certo?). Por exemplo, alguém poderia digitar "solteiros Rio de Janeiro" e esperar pelos resultados. Depois, digitaria "solteiros Niterói" (é só atravessar a ponte) e esperaria pelos resultados. Depois, digitaria "solteiros Petrópolis" (é só subir a serra) e esperaria pelos resultados mais uma vez.

Repita o processo com um outro buscador, só para ser mais completa, e obtenha uma outra lista de grupos. Alguns, provavelmente, são horrorosos. Outros podem ser muito bons. Nunca se sabe até experimentar. Alguns podem ser mais adequados a solteiros muito jovens ou muito velhos, mas, investigando pela Internet, depois telefonando e conversando com um coordenador, você vai conseguir descobrir quais são os mais adequados à sua idade.

Experimente atividades que normalmente nem levaria em consideração. Então, você nunca jogou tênis? Inscreva-se para ter algumas aulas num clube para solteiros. Não gosta muito de caminhadas? Está na hora de começar. Não vai à igreja há mais de dez anos? Faça aulas de estudos bíblicos para solteiros.

Adicione à sua lista os grupos de solteiros que você já conhecia antes de suas buscas pela Internet e peça recomendações a outras pessoas na mesma situação. Desafie a si mesma a conseguir 50 nomes nessa categoria, se morar numa cidade grande, ou entre 10 e 20 se morar num lugar menor. Leve sempre na bolsa um pequeno bloco e vá anotando todas as sugestões que receber enquanto vai levando sua vida diária. Pergunte ao cabeleireiro e ao corretor de imóveis. Pergunte à recepcionista da academia de ginástica. Casualmente, pergunte a cada candidato com quem sair onde ele se encontra com pessoas solteiras.

Muitas mulheres, principalmente em cidades menores, reclamam que já experimentaram todos os grupos de solteiros e nunca encontraram um só homem interessante. Ou dizem que são sempre as mesmas pessoas que aparecem por lá. Antes de mais nada, não se esqueça de que as coisas mudam. Novos solteiros estão se juntando a grupos todo o tempo, por isso não pressuponha que nada de novo vai aparecer, ainda que as mesmas pessoas estejam lá por três semanas consecutivas. Mas garanto a qualquer um que pense que já tentou *todos* os grupos de solteiros que eu sou capaz de encontrar outros, na mesma cidade, que elas ainda não conhecem. Sempre peça sugestões a pessoas que não façam parte de sua rotina diária.

Pegue todas as revistas e jornais locais que puder encontrar e procure mais idéias para sua lista de grupos de solteiros. Leia os anúncios para inteirar-se dos próximos eventos. Entre em todas as listas de endereços para correspondência que encontrar (igrejas, sinagogas, galerias de arte, museus, câmaras de comércio). Esses grupos costumam promover alguns eventos todos os anos (festas, palestras), muitos dos quais oferecem boas oportunidades para solteiros. Marque as datas desses eventos na sua agenda.

Mais uma vez, repito: experimente novidades, ainda que não tenham nada a ver com seus interesses do passado. Por exemplo, mesmo que você deteste política, vá a algum evento ligado ao assunto (talvez uma campanha para angariar fundos para algum candidato). Você é filiada a algum partido? Vá a uma assembléia de outro partido só para ver quem está lá. Se for viúva, entre num grupo de apoio aos enlutados. Essa atitude pode ajudá-la a trabalhar seus sentimentos de perda, e, além disso, algumas de minhas clientes com mais de 50 anos já me relataram que conheceram vários homens e mulheres que se casaram novamente com parceiros que conheceram nesses grupos.

Alguns sites de encontros promovem eventos em várias cidades, permitindo que homens e mulheres solteiros se encontrem para atividades como cursos sobre vinho, aulas de interpretação, idas ao teatro, passeios por cidades históricas ou pequenas festas.

É óbvio que festas de todos os tipos cairão nesta categoria: pequenos jantares, grandes eventos e reuniões com amigos. Não recuse nenhum convite. Mesmo que conheça todos os que serão convidados, essa é uma ótima oportunidade para fazer propaganda de sua marca.

CATEGORIA 2: LOCAIS DE SOCIALIZAÇÃO

Muitas mulheres provavelmente sofrem quando pensam em locais de socialização porque logo pensam numa "cena de bar". Mas não se preocupe, não vou sugerir que você comece a freqüentar bares. Se houver alguns bons restaurantes ou barzinhos em sua área, você pode ir de vez em quando com amigos beber alguma coisa depois do trabalho. Bares de hotéis costumam receber hóspedes masculinos que estão viajando a negócios e que podem servir para ampliar a sua rede geográfica. Entretanto, homens e mulheres mais adequados ao perfil que você procura não costumam freqüentar bares, por isso sejamos mais criativas e tratemos de descobrir lugares melhores para solteiros acima dos 35. É claro que esses locais não estão repletos apenas de pessoas livres e desimpedidas. Eles trarão uma mistura de solteiros e casados, mas são lugares onde encontros casuais se tornam uma grande possibilidade. Pessoas casadas às vezes acabam sendo produtivas, pois podem apresentá-la a um bom partido.

Experimente ir aos seguintes lugares:

- Livrarias
- Bibliotecas
- Cafés
- Exposição de automóveis antigos
- Convenções sobre tecnologia
- Clubes esportivos
- Eventos esportivos
- Salas de espera de aeroportos (quando for viajar)
- Parques bem freqüentados para passear com seu cachorro (ou o de outra pessoa)
- Lojas de acessórios e equipamentos de som para carros

CATEGORIA 3: SERVIÇOS DE ENCONTROS

Hoje em dia, os serviços de encontros estão se diversificando cada vez mais. Nos Estados Unidos há serviços de "encontros rápidos" nos quais você conhece oito homens em uma hora num determinado restaurante, mudando para uma mesa diferente cada vez que uma campainha toca. Existem serviços voltados para refeições, nos quais você participa de almoços ou jantares em grupo. Há também serviços nos quais você cria o seu próprio vídeo e assiste a vídeos feitos por homens que possam combinar com você. Existem casamenteiras profissionais, especializadas em fazer apresentações. Minhas clientes têm se decepcionado com esses serviços, mas não parta do pressuposto de que todos são ruins todo o tempo. Os funcionários mudam, a popularidade muda, a clientela muda. Investigue os serviços disponíveis em sua cidade e procure saber se algum deles pode ser recomendado por alguém que já o tenha utilizado.

No Brasil também há serviços de encontros, como o Table for Six, que promove encontros entre homens e mulheres, geralmente em restaurantes, ou sites como o Vai dar Certo e o 7 Minutos, que oferecem serviços semelhantes de "rodízio" de conversas. Há também agências que realizam cruzeiros, excursões, cursos de gastronomia, passeios ecológicos e trilhas, planejados sob medida para solteiros e descasados.

Se descobrir um serviço de namoros altamente recomendado por pessoas conhecidas, entre em contato com o mesmo e faça as seguintes perguntas: Há quantos anos vocês estão no mercado? Quantos membros *atuantes* vocês têm? Qual é a porcentagem de homens na minha faixa de idade? Vocês podem dar referências de atuais clientes?

Os serviços de relacionamentos quase nunca são a primeira opção das pessoas. Mas pense nisso: eles não sobreviveriam como negócio se ninguém conhecesse pessoas interessantes através deles. Então, o que você tem a perder? Nada, a não ser parte de sua dotação orçamentária. Muitos desses serviços são caros. Analise o seu orçamento e, se tiver fundos disponíveis, tente inscrever-se em pelo menos um deles. Mas não se esqueça de fazer uma pesquisa e conseguir algumas sólidas recomendações antes de fazer sua opção.

CATEGORIA 4: OUTRAS IDÉIAS

Aqui estão várias outras idéias para conhecer pessoas do sexo masculino – mas, é claro, não deixe que sua imaginação fique limitada à minha lista. As possibilidades são infinitas.

Lugares freqüentados por pais descasados

Depois dos 35 anos, uma porção de pais descasados volta à cena dos namoros. Tente pensar nos lugares onde possa encontrá-los. Eles costumam sair com as crianças nos fins de semana. Como não sabem cozinhar, precisam levá-las a restaurantes ou pizzarias de ambiente familiar. Experimente um deles. Você pode conhecer alguém na fila de espera, na mesa ao lado ou esperando o manobrista na saída. Eles costumam levar os filhos ao zoológico, ao parque, a teatros infantis ou ao cinema para assistir a desenhos animados. Leve também seus filhos ou convide o filho de uma vizinha ou um sobrinho e vá a esses lugares.

Dê um curso

Que tal *ser professora* de algum curso para adultos, voltado para os homens? Em várias cidades existem lugares que oferecem cursos interessantes e que estão sempre em busca de novas idéias. Não é preciso escolher um tema acadêmico. Uma de minhas clientes decidiu organizar um curso, criado por ela, que se chamava: "Refeições Rápidas para Solteiros". Que ótima idéia. E ela nem era uma grande cozinheira! Simplesmente, tirou de revistas e livros de culinária oito receitas fáceis de se preparar e criou uma aula de duas horas para homens sozinhos que não sabiam cozinhar e não queriam perder tempo na cozinha. Ela preparou uma breve descrição do curso que pretendia ensinar, apresentou-a aos responsáveis pelo local onde o curso seria oferecido e, pouco tempo depois, era o único foco de atenção de uma sala repleta de homens solteiros.

Seja criativa e pense nas habilidades que possui e que possam ser dirigidas de maneira a atrair uma turma de alunos do sexo masculino. Por exemplo, você tem facilidade para se comunicar? Por que não organizar um curso sobre "Conversas Interessantes para Homens Tímidos"? Pesquise em alguns livros de auto-ajuda, leia artigos em revistas sobre esse tópico e elabore uma lista de 25 maneiras de iniciar conversas interessantes em festas ou no trabalho. Nem todos os homens inscritos serão solteiros, mas acredito que vai atrair os que têm dificuldades em se aproximar de mulheres.

Se você não simpatiza com a idéia de ensinar, matricule-se em alguns cursos. Como já vimos no Passo 1, o *Método de Pensamento do Programa* nos lembra que devemos selecionar assuntos que atraiam o público masculino, mesmo que não interessem a você. Uma outra hipótese é inscrever-se em cursos do tipo "faça você mesmo", principalmente algum voltado para marcenaria ou construção. Escolha um curso rápido (de uma ou duas noites) para não perder tempo caso não haja homens interessantes inscritos e para evitar morrer de tédio durante as aulas. Mesmo que não conheça um homem que valha a pena, terá acrescentado um tópico de conversas para quando estiver num evento social. Se você souber discutir sobre a melhor maneira de polir um armário ou colocar cerâmica no chão, provavelmente vai se destacar das outras mulheres!

Reuniões, obrigações cívicas, festas de bar mitzvah e outras experiências pavorosas

Da próxima vez que houver uma reunião de ex-alunos do colégio ou da faculdade, quando for convocada para fazer parte de um júri ou para ser mesária durante as eleições, quando for convidada para o bar mitzvah (maioridade religiosa judaica) ou para o casamento do filho do seu primo em segundo grau, pense "Que ótima oportunidade!", em vez de inventar uma desculpa para não ir. E jamais leve um acompanhante aos eventos sociais. É melhor ficar livre para conhecer gente nova.

Sempre vá às reuniões! Já ouvi várias histórias de mulheres que foram a reuniões de ex-colegas de escola ou de faculdade, encontraram alguém que mal conheciam naquela época e acabaram se apaixonando. Procure fazer parte dos comitês que planejam tais eventos, o que vai lhe permitir o acesso a nomes que possam lhe interessar no futuro. Mas não se restrinja a isso: peça para acompanhar seus amigos e amigas às reuniões *deles*. Ninguém gosta de ir sozinho. Essas reuniões são como um ímã para solteiros mais velhos.

Ser mesário durante as eleições – nem pense em se queixar de que vai perder o feriado – ou fazer parte de um júri são outras excelentes oportunidades de conhecer homens e mulheres. É provável que poucos sejam solteiros ou da sua faixa de idade, mas não se esqueça de que a estratégia de criar volume envolve fazer *qualquer coisa* para conhecer pessoas. Quem sabe se, numa conversa casual, alguém vai fazer menção a algo que a leve ao encontro de seu futuro marido? Além disso, todas aquelas pessoas têm amigos, primos e colegas de trabalho que podem ser ótimos candidatos e que estão apenas esperando a oportunidade de serem apresentados a uma mulher inteligente, que transmite com grande clareza a sua marca e seus objetivos durante uma pausa para o cafezinho.

Imagino que você odeie participar daqueles eventos familiares nos quais todos os seus parentes, sem exceção, sentem-se compelidos a perguntar como é que pode, por que, qual a razão de você não ter encontrado um bom marido até agora. Entretanto, é preciso ir a casamentos, bar mitzvahs, reuniões de família e outros encontros similares. Nunca se sabe quando um parente vai olhar para você e se lembrar de um colega de trabalho solteiro, ou de um pai descasado de um amigo de um dos filhos.

Viagens

Esteja aberta a viajar com grupos de solteiros: existem agências especializadas que promovem viagens para quem quer ter aulas de mergulho, de esqui aquático ou pára-quedismo (mesmo que você não seja uma esportista nata, é possível aprender – e se na hora perder a coragem, converse com os novos amigos em busca de incentivo e aproveite para sondar o ambiente). Há também roteiros de arte ou de vinhos, além de grupos que fazem trilhas e caminhadas. Como já disse, existem cruzeiros cujo público-alvo são os solteiros e os descasados. Não fique com medo de participar de algo que envolva alguns dias de comprometimento. Mesmo que não haja homens interessantes na viagem, seu risco pode valer a pena de maneiras imprevisíveis. Por exemplo, você pode conhecer uma mulher simpática à procura de um marido que tenha um irmão solteiro para lhe apresentar. Quem pode prever?

Diversificando

De vez em quando você precisa fazer algo totalmente diferente e inesperado. Que tal juntar-se a uma organização não-governamental que luta pela preservação das tartarugas marinhas? Fazer um curso de sushi? Tornar-se uma especialista em primeiros socorros? Já tentou aprender a dançar salsa? Pense em alguma coisa esdrúxula. Uma idéia maluca pode lhe dar um bilhete premiado.

OBJETIVOS DA CRIAÇÃO DO VOLUME

Assim que elaborar uma longa lista de oportunidades em sua cidade, anotando-as em cada uma das quatro categorias, pegue uma agenda ou um calendário e marque as datas em que vai experimentar um item de cada uma delas. Use uma caneta para que não possa apagar o compromisso mais tarde só por estar cansada. Lembre-se: eu não sei onde seu futuro marido está, mas sei que existe um único lugar onde ele *não* está: na sua casa. Por isso, não fique parada aí.

Use a grade do Resumo de Marketing de Massa que vem a seguir como se fosse um menu, selecionando pelo menos um item por semana. Escolha primeiro as atividades com maior potencial de oportunidades. Você vai ter de acrescentar esses objetivos a todas as oportunidades que listou no Passo 8, Marketing de Guerrilha, para mudar sua rotina, mas, felizmente, algumas atividades coincidem. Por exemplo, tomar o café da manhã num lugar diferente do habitual é uma atividade que alcança dois propósitos: fazer algo diferente (Passo 8) e freqüentar lugares onde pessoas solteiras tenham chances de se conhecer (Passo 11). Seja bem estratégica e organizada sobre como e quando diversificar sua carteira de oportunidades. Você pode criar suas próprias metas de acordo com sua dotação orçamentária, os recursos que sua cidade oferece e o tempo de que dispõe.

Existem dois motivos que fazem com que planejar com antecedência seja um ponto fundamental no alcance de seus objetivos. Primeiro, com tantas coisas *possíveis* de se fazer, este passo pode confundi-la e você pode acabar não fazendo nada, ou não diversificando sua rotina e continuando a fazer só o que lhe agrada. Segundo, todos nós ficamos ocupados em nossa vida diária e é muito fácil protelar essas atividades, a não ser que sejam anotadas a caneta numa agenda e que haja o compromisso de cumpri-las. Se precisar faltar a uma delas, acrescente-a ao planejamento da semana seguinte.

RESUMO DE MARKETING DE MASSA

Categoria 1 *grupo de solteiros*	Categoria 2 *locais de socialização*	Categoria 3 *serviços de encontros*	Categoria 4 *outras idéias*
religiosos	livrarias	encontros rápidos	lugares aonde vão pais descasados
esportes	bibliotecas	serviços de almoço ou jantares	dar um curso
passatempos	cafés	namoro por vídeo	fazer um curso
trabalho voluntário	lojas de acessórios para carros	agências de casamento	reuniões e outros eventos pavorosos
políticos	sala de espera em aeroportos	anúncios pessoais	viagens
grupos de apoio	caminhada com cachorro	agências de viagens com pacotes para solteiros	diversificando
sociais	convenções ou fóruns de tecnologia		ser mesário nas eleições
artes	exposição de automóveis antigos		
eventos para solteiros	eventos esportivos		
festas	clubes esportivos		

ESTUDO DE CASO:
PÁGINA DO CALENDÁRIO DE CLAIRE

O calendário que se segue, para o mês de fevereiro, foi criado por Claire, uma mãe descasada de 48 anos que trabalha meio expediente como assistente administrativa de uma pequena empresa. Quando planejou as atividades, ela integrou seus objetivos de namoro on-line, de marketing de guerrilha, de telemarketing e os que determinou aqui. Ela estava extremamente motivada para encontrar um homem especial, por isso planejou muito mais do que uma atividade de alto volume por semana. Com tempo e energia limitados por causa do trabalho e dos filhos, teve de planejar com bastante antecedência todas essas atividades. A propósito, seus maiores gastos foram com as babás contratadas para tomar conta das crianças.

Por exemplo, no dia 7 de fevereiro, Claire foi a uma livraria muito movimentada, encontrou um livro interessante (coerente com sua marca) e sentou-se numa cadeira bem à vista. Ficou lendo por uma hora, mas não se manteve tão entretida a ponto de não permitir que os outros se aproximassem. Estava sempre olhando e sorrindo para os que passavam por ali. Então, no dia 9 de fevereiro, ela foi a uma cafeteria diferente da que costumava freqüentar e ficou lendo o jornal por meia hora. Seu iniciador de conversas (o livro *Cozinha de bistrô*, para reforçar sua faceta de "Cozinheira Sofisticada") foi colocado na beirada da mesa. Leia o restante das anotações de Claire para ver como seu mês foi ativo e diversificado. Ela mostrou-me três meses de seu calendário, começando em fevereiro, e todos foram tão dinâmicos quanto o primeiro. No meio de março, ela conheceu um homem durante sua segunda atividade de encontros rápidos e começou um relacionamento sério com ele. A história terminou quando ela jogou fora, alegremente, seu calendário de abril.

CALENDÁRIO DE FEVEREIRO DO *PROGRAMA* DE CLAIRE						
Domingo	Segunda-feira	Terça-feira	Quarta-feira	Quinta-feira	Sexta-feira	Sábado
1 Fazer 15 ligações de telemarketing	2	3 Comprar mantimentos no Mercado Estrela	4	5 Lavanderia do lado do trabalho	6 Palestra no museu de artes	7 Ler um livro numa livraria
8 Inscrição em novo grupo de solteiros Fazer sete ligações de telemarketing	9 Ir a uma cafeteria diferente da que costumo freqüentar	10 Encontro às escuras com um homem que conheci num site de encontros	11 Dar aula de Webdesign para adultos	12	13 Jantar na casa de Belle	14 Evento de encontros rápidos
15 Fazer oito ligações de telemarketing	16	17 Evento promovido pelo site de encontros (degustação de vinhos)	18	19 Almoço com nova colega (Linda)	20 Ir de ônibus para o trabalho Encontro às escuras via Passo 9	21 Visitar escritório de uma ONG e pegar informação sobre trabalho voluntário
22 Passear com o cachorro no parque	23 Viagem de negócios: chegar cedo para ficar um tempo na sala VIP	24	25 Jantar com meus filhos numa pizzaria movimentada (pais descasados?)	26	27 Beber e conversar com grupo de apoio a pais descasados	28

DOSE DE REALISMO

Como você tem visto neste e nos passos anteriores, O *Programa* requer um grande investimento de tempo. Teoricamente, você se sente tranqüila em relação a isso, uma vez que decidiu que encontrar um marido é a sua prioridade número um este ano. Mas eu seria negligente se não lhe mostrasse alguns riscos que você pode correr. Por isso, vou lhe contar o que aconteceu a Alice, uma executiva de 36 anos. Ela é uma das clientes mais dedicadas que já tive no *Programa*. Durante a semana, almoça assiduamente com pessoas que conhece pela Internet, participa de eventos para solteiros, vai encontrar-se com amigos depois do trabalho três noites por semana e está sempre ao telefone fazendo o acompanhamento das possibilidades que aparecem através das campanhas de mala-direta e telemarketing. Há pouco tempo, ela conheceu Garret, um homem com quem espera casar-se, e passa a maior parte do tempo com ele.

Um dia, porém, ela me telefonou chorando porque havia sido avisada de que seria demitida. Estava em vias de perder o emprego. Seu supervisor havia reclamado do tempo enorme que ela tirava para o almoço, de seus erros repentinos por falta de atenção e do número excessivo de telefonemas. Estava claro que O *Programa* era o culpado. Minha primeira pergunta a ela foi: "Se você tivesse de perder o emprego ou Garret, qual dos dois escolheria?" Sem hesitar, ela respondeu: "Meu emprego." Felizmente, ela não perdeu nenhum dos dois. Alice conversou com o supervisor, assumiu algumas horas extras no trabalho e diminuiu um pouco o tempo dedicado a Garret, salvando o emprego. Ela não foi despedida, mas aprendeu uma lição importante: pode haver conseqüências quando determinamos prioridades.

IDÉIAS PARA MARKETING DE MASSA

Apesar de toda e qualquer dose de realismo, é preciso seguir em frente, maximizando as oportunidades de conhecer homens aonde quer que você vá. É claro que o simples fato de aparecer em determinados lugares é apenas parte do desafio. As mulheres costumam reclamar comigo que já freqüentaram vários locais, grupos e eventos para solteiros, mas nada aconteceu. Eu logo pergunto: "Você utilizou ao máximo o tempo em que esteve lá?" Minha pergunta refere-se a conhecer homens e também mulheres com quem seja possível criar uma rede de conhecimentos. Aqui estão mais algumas idéias para maximizar as oportunidades:

1. **Chegue sempre 30 minutos mais cedo:** Se você está participando de um evento para solteiros, seja de que tipo for, chegue sempre 30 minutos mais cedo. Isso vai lhe permitir ser a primeira na sala e poder analisar melhor a situação. Escolhendo uma mesa central, sua visão de todos os que chegarem será privilegiada e facilitará a sua escolha de alguém em quem focalizar seu interesse. Em geral, a maioria dos freqüentadores é nova nessa situação, por isso, se você sondar bem o terreno, terá um iniciador de conversas natural, caso ajude alguém a encontrar algo ou a saber o que fazer. Além disso, você tem um "tempo de qualidade" com os primeiros a chegar, o que vai garantir que conheça no mínimo uma pessoa nessa noite.

2. **Vá sozinha:** É infinitamente mais fácil para um homem aproximar-se de uma mulher e começar a conversar se ela estiver sozinha e não cercada de amigas. Os homens também podem ser tímidos, e ninguém gosta de ser rejeitado na frente dos outros. É óbvio que sua segurança deve vir em primeiro lugar, por exemplo, não caminhando sozinha, tarde da noite, pelo estacionamento. Mas, se você chegar com uma amiga, combine com ela que devem separar-se e ficar sozinhas. Isso pode ser um pouco desconfor-

tável, mas ninguém estará prestando atenção a esse fato, a não ser um homem solteiro que queira conhecê-la, o que é exatamente o que você deseja.

3. Posicione-se: O que fazer quando descobrir, num lugar público – uma festa, um restaurante, um evento para solteiros –, um homem que a atraia mas que não está notando a sua presença? Você tentou um contato visual, tentou sorrir, mas nada funcionou. Posicione-se na linha de visão dele ou, literalmente, ponha-se em seu caminho. Experimente caminhar até um lugar diferente ou mais próximo, para que ele possa vê-la melhor. Pode ser que ele não esteja usando os óculos de grau, para parecer mais bonito, e não consiga enxergá-la de longe. Outra possibilidade é usar a velha tática de ir ao banheiro das mulheres passando bem na frente dele, mesmo que seja o caminho mais longo.

4. Comece e continue a conversa: Consulte as seções sobre Iniciadores de Conversa e Prosseguimento da Conversa no Passo 8, Marketing de Guerrilha.

5. Sempre alerta!: Siga o lema dos escoteiros. Uma vez que uma conversa é iniciada, nem sempre é fácil mantê-la quando se está no centro das atenções. Antes de participar de qualquer evento, converse com sua Mentora para terem idéias de perguntas interessantes para se manter uma conversa agradável. Dependendo de onde você estiver – numa festa, no escritório, num evento de encontros rápidos –, pode utilizar algumas dessas:

- O que despertou seu interesse pela sua profissão?
- Que roteiros de viagem você sonha fazer?
- De onde conhece o dono da casa?
- O que você fez de interessante no último fim de semana?
- Como você era na adolescência?
- Viu o jogo ontem à noite?

PASSO 12

MARKETING DE EVENTOS

Dê uma *Festa-Programa!*

O QUE APRENDI NA HARVARD BUSINESS SCHOOL

Marketing de eventos é um método excelente para divulgar produtos. O marqueteiro pode criar seu próprio evento ou patrocinar algum que já exista. Um evento reúne pessoas e concentra a atenção delas. O segredo é selecionar algo que seja intrigante e que projete a mesma imagem que o produto. A participação dos clientes no evento deve ser capaz de criar uma conexão mental positiva entre esse evento e o produto, reforçando assim a imagem da marca.

Por exemplo, a água mineral Evian patrocina o Aberto de Tênis dos EUA todos os anos. A marca da Evian é "Saudável, de Alta Classe e Inspiradora". Esse torneio é um evento perfeito para ligar-se à marca da empresa: é voltado para o atletismo e a boa forma (projeta uma imagem saudável), atrai pessoas de alta classe (o tênis é considerado um esporte elitizado) e apresenta os melhores campeões do mundo (por isso é inspirador). A Evian posiciona seus cartazes de propaganda nas laterais das quadras, e os jogadores bebem essa água nos intervalos de descanso, o que reforça a ligação com a marca. A empresa convida seus distribuidores e vendedores mais importantes para assistirem aos jogos.

Eles são recebidos numa área VIP e ganham bolas de tênis com o logotipo da Evian como brindes e prêmios. É um clássico cenário para o marketing de eventos.

Lembre-se: "Longe dos olhos, longe do coração." Criar um evento ajuda a fazer com que os consumidores tenham o produto sempre em mente. É uma ótima desculpa para comunicar-se com os consumidores *antes* de seu acontecimento, para fazer os convites; interagir com eles *durante* a sua realização e acompanhá-los *após* a sua concretização, para agradecer pela presença. É uma oportunidade ímpar de criar interação e relacionamentos positivos com clientes poderosos e formadores de opinião.

O QUE É UMA *FESTA-PROGRAMA*?

Então, você está pensando que vai dar uma festa, beber vinho e bater um papo sobre coisas irrelevantes. Pois não vai, não. Isso é o que você deve ter feito no passado, e, no entanto, continua sem marido. Mas acredito que, agora, já sabemos que um passo do *Programa* não poderia ser algo tão simples.

Uma *Festa-Programa* não é *qualquer* festa. É um evento estratégico de formação de rede, que reúne homens e mulheres no mesmo recinto para divulgar a sua marca, comunicar-se com várias pessoas e fazer com que elas se lembrem de você. É também um gerador de volume que vai levar novos "clientes" à sua porta, agora que você está nos últimos passos do *Programa*. Nesse ponto, talvez precise conhecer gente nova e fazer novas parcerias. Você tem trabalhado arduamente para construir uma rede de relacionamentos, harmonizar a propaganda de sua marca e sentir-se à vontade para pedir apresentações. A *Festa-Programa* é a sua oportunidade de juntar tudo isso.

Este é também o meu passo favorito, pois foi nele que conheci o meu marido!

OBJETIVOS DA *FESTA-PROGRAMA*

É claro que seu objetivo principal é arranjar marido (como sempre!), mas os objetivos mais específicos a serem alcançados com sua festa são:

- Criar novas perspectivas – novos homens com quem sair e novas mulheres que possam lhe fazer apresentações.
- Manter-se nos pensamentos de sua "base de consumidores". Mesmo que alguém não compareça, você fez contato com essa pessoa através do convite e, assim, demonstrou que continua disponível.
- Exibir a "nova você" (similar à sua festa de debutante).
- Inspirar boa vontade nas outras mulheres que também irão tirar proveito da festa. Você vai convidar antigos namorados e homens com quem saiu, mas que não lhe provocaram aquele frio no estômago, e vai apresentá-los às suas convidadas. A idéia é que, mais adiante, elas façam o mesmo por você.

DETALHES DA *FESTA-PROGRAMA*

Tema

As pessoas dão festas o tempo todo, e, em geral, os convidados não se sentem muito motivados a participar. Faça com que a sua festa se destaque das outras. É preciso um tema envolvente. Seja criativa e singular (mas não simplória). Se as pessoas acharem que "isso *parece* que vai ser divertido", irão com o maior entusiasmo.

Se possível, use um tema consistente com a sua marca pessoal. Uma de minhas clientes, Kelly, escolheu um tema internacional. Ela havia morado na Itália por dois anos, e "Itália" era parte de sua marca. Kelly deu um nome estimulante ao evento: "Festa da Torre de Pisa". O que ela queria dizer? Na verdade, não queria dizer nada, mas tinha um som italiano e chamava a atenção das pessoas, dando a sensação de um acontecimento incomum. Ela serviu pizzas e Bellini, o famoso coquetel de pêssego criado em Veneza, e colocou uma bandeira da Itália na entrada da casa.

Que idéias para temas *você* pode criar? É sempre possível fazer um evento criativo, uma festa a fantasia, uma festa junina, baiana, mexicana, das mil e uma noites. E por que não uma festa esportiva durante a Copa do Mundo ou os Jogos Olímpicos? Que tal uma festa na noite de entrega do Oscar?

E que tal uma festa parabenizando um colega por algo que ele tenha conseguido? Ou uma festa de boas-vindas para um recém-chegado? Use tudo o que tiver! Você possui algo diferente, que por si só já crie um tema maravilhoso? Se tiver um belo jardim, ofereça a festa do lado de fora e faça dela uma "Festa no Jardim". Se tiver uma amiga que domine o violão clássico, convide-a para tocar e chame o evento de "Viva a Música Clássica!". Alyssa, uma de minhas clientes, trabalhava numa galeria de arte e usou a exposição de um novo pintor como tema de sua festa. Ela convidou as pessoas para comer "queijos e vinhos", fazendo uma prévia da exposição, antes de abri-la para o público em geral, o que despertou a curiosidade dos convidados. Preste atenção naquilo que já possui quando pensar no tema de sua festa.

Qualquer que seja o tema usado, torne-o alegre e divertido. Por favor, nada de protestos contra a guerra! E aproveite a oportunidade para realçar a sua marca e exibir seus talentos especiais. Se for ótima cozinheira, prepare você mesma a comida. Se for uma fotógrafa talentosa, espalhe algumas fotos pela sala.

Convites

Seus convites devem ser feitos, primeiramente, em pessoa ou pelo telefone, seguidos de um cartão impresso enviado pelo correio. Isso vai lhe tomar um tempo enorme, mas essa não é uma festa comum. Você está recebendo convidados apenas como desculpa para comunicar-se com as pessoas ao seu redor: amigos, conhecidos, colegas de trabalho, ex-namorados, homens com quem saiu, pais descasados dos amigos de seus filhos e até desconhecidos.

Seu contato verbal deve constar de uma breve conversa pedindo ao seu convidado que reserve aquela data. Há algo específico a ser alcançado aqui que não pode ser feito através de um convite impresso: ao mesmo tempo em que conversar com as pessoas pelo telefone, tendo a atenção de cada uma delas, aproveite a oportunidade para lembrá-las sutilmente de que você ainda está procurando alguém especial e estimule-as a trazer amigos à festa. Muitas pessoas não se sentem à vontade para lhe fazer apresentações diretamente, mas não teriam nenhum problema em levar um amigo solteiro a um evento animado e ver o que aconteceria quando vocês dois se encontrassem. Nesse caso, elas não se sentiriam responsáveis se não desse certo. Você estará criando, com muita esperteza, caminhos alternativos para apresentações: uma situação confortável para todos.

Os convites impressos devem ser escolhidos de acordo com o tema e enviados três semanas antes da data, incluindo o nome do convidado e acrescentando “e amigos” no envelope. Se não conseguir falar com uma pessoa pelo telefone, coloque no envelope um bilhete escrito a mão, encorajando-a a trazer amigos. Não se esqueça de incluir uma data para confirmação da presença, para ter uma noção de quantos convidados esperar. Como eles devem trazer amigos, é preciso estar preparada para um aumento repentino de presenças.

Lista de convidados

Sua lista de convidados vai exigir um raciocínio estratégico. Não há problema em convidar os amigos de sempre, mas deixe bem claro, quando falar com eles ao telefone, que gostaria muito que trouxessem amigos deles (de ambos os sexos) que *você* não conheça. O verdadeiro objetivo da festa é convidar pessoas que não a conheçam bem. Você está criando maior volume, chegando a mais e mais pessoas e fazendo-as vestir a camisa do seu projeto de encontrar um marido. Essa é a sua chance de rever sua coleção de cartões de visita e convidar o corretor de seguros que conheceu durante uma transação comercial, assim como o primo do seu vizinho, que você viu rapidamente no ano passado, a recepcionista do consultório do seu dentista, com quem você sempre mantém uma conversa agradável, e... vá pensando em cada vez mais pessoas!

Agora é também o momento de fazer com que todos os encontros do passado que terminaram em fracasso sirvam para alguma coisa. Convide todos aqueles sujeitos com quem saiu uma única vez e que conheceu através de apresentações e, principalmente, pela Internet. Por quê? Porque você quer que eles tragam amigos. É preciso colocar todos eles numa sala e ver o que acontece. Talvez alguns deles já se conheçam, uma vez que este mundo é tão pequeno. Entretanto, mesmo que não conheçam mais ninguém além de você, esses homens farão suas próprias conexões e, assim esperamos, passarão um tempo agradável o bastante para convidá-la para a próxima festa que *eles* oferecerem.

Onde

A festa pode ser na sua casa ou no seu apartamento. Se o espaço for muito pequeno ou, por algum motivo, impróprio para receber um grupo numeroso, pense em outros locais: o salão de festas do seu prédio, um restaurante que possa ser fechado em determinado dia da semana, uma casa de festas com um belo jardim, o salão de uma igreja ou sinagoga, uma galeria de arte ou loja de antiguidades que aluguem espaço para eventos sociais. Outra opção é pedir a amigos íntimos que cedam sua casa, atitude pela qual você vai ficar eternamente grata!

Assegure-se de que o lugar escolhido possa acomodar um grande número de pessoas, deixando espaço para circulação (leia a seção seguinte para mais detalhes). Você vai ter muita gente para conhecer e cumprimentar nessa noite.

Circulação

Como essa festa destina-se a ampliar o volume, é essencial que você circule constantemente. Quantas vezes você já se viu presa, conversando com uma pessoa a noite inteira, sem encontrar palavras para se livrar da situação? Isso não pode acontecer na sua *Festa-Programa*, portanto faça planos para não cair nessa cilada. Isso significa combinar com duas ou três amigas (incluindo a sua Mentora, se possível) para manterem você circulando. A função delas é observar seus movimentos e não a deixar ficar presa num determinado lugar por muito tempo (não mais do que dez minutos), ajudando-a a livrar-se de conversas demoradas.

Selecione essas amigas com antecedência e peça-lhes ajuda antes da festa. Seja firme em seu pedido: elas precisam levar a tarefa a sério e cuidar de você durante o evento. É por isso que recomendo convocar mais de uma pessoa, pois não se pode confiar que uma só delas tome conta de você o tempo todo. É preciso ter o Plano A, o Plano B e o Plano C prontos. Escolha as amigas mais agressivas, que não hesitem em interromper uma conversa e que insistam para que você "venha logo até a cozinha para tomar algumas providências urgentes".

Dez minutos é o tempo exato para conversar com um convidado, ou um grupo de pessoas, durante a festa. É o suficiente para refazer a ligação com velhos amigos, estabelecer uma breve comunicação com um desconhecido e divulgar a sua marca. Para se livrar educadamente de uma conversa, após esses dez minutos, use uma das seguintes táticas:

1. **Tática da recapitulação:** Faça um breve resumo do que foi dito para mostrar que estava prestando atenção e "feche" a conversa. Por exemplo, "Adorei saber sobre sua viagem ao Havaí e foi um prazer conhecê-lo (ou ótimo revê-lo)". Sorria e vá saindo. Essa tática não fere os sentimentos das pessoas, já que demonstra que o bate-papo foi agradável, e não usa uma desculpa abrupta do tipo "Vou pegar alguma coisa para beber" ou "Estou vendo alguém com quem preciso conversar".

2. **Tática da apresentação:** Pergunte à pessoa com quem está conversando: "Você conhece o Tom? Ele é uma pessoa maravilhosa. Deixe-me apresentar vocês dois." Então, leve-a para perto de Tom, apresente-os e deixe-os conversando enquanto você, educadamente, se afasta e continua a circular.

Sua aparência

Obviamente é preciso caprichar na aparência. Esse é o melhor momento para se conseguir uma "Embalagem" perfeita. Compre algo novo para vestir e desconte de sua dotação orçamentária. Escolha uma roupa consistente com tudo o que aprendeu no Passo 3, Embalagem, e no Passo 5, Marca: algo feminino, que realce seus pontos positivos e disfarce os negativos, coerente com sua marca – nunca um tailleur poderoso! Se sua Mentora estiver disponível, leve-a às compras com você, ou pelo menos mostre a ela a roupa escolhida antes da festa. Uma aprovação prévia de um ou dois amigos do sexo masculino também é importante. Marque hora no salão de beleza para fazer cabelo e maquiagem. Pense em si mesma como Cinderela preparando-se para o baile – você precisa se sentir transformada e especial, pois esse sentimento vai projetar para seus convidados o tipo certo de energia.

Ajudantes

Além das amigas que irão ajudá-la a circular, você vai precisar de pessoas que a ajudem com a logística da festa: comida, bebida, telefonemas e até um possível entupimento no banheiro! Você precisa dedicar-se aos objetivos de sua festa e não pode ser perturbada por questões desse tipo logo nessa noite. Se puder pagar por um serviço de bufê, seria o ideal. Caso contrário, peça às suas amigas mais íntimas, inclusive à sua Mentora, que se revezem em turnos de 30 minutos para tomar conta dessas tarefas, à medida que forem se fazendo necessárias. Converse com elas sobre o que espera que façam e quando devem fazê-lo, para que você não tenha que interromper uma conversa interessante só para resolver problemas de organização da festa.

Dê o melhor de si mesma

Planejar uma grande festa é caro e exige grande dedicação, mas é uma das maneiras mais proveitosas de aplicar tempo e orçamento. Por isso dê o melhor de si mesma. Essa noite não vai apenas gerar volume para você através das novas pessoas que irá conhecer, mas o que esperamos é que ela tenha um "efeito cascata" e gere outros convites no futuro. Quando decidir se deve dar "esse ou aquele toque" à festa, pense em termos de um investimento a longo prazo e não em economizar tempo e dinheiro. Você quer que seus convidados se sintam gratos por terem estado numa festa tão maravilhosa e retribuam com futuros convites e apresentações.

MAIS IDÉIAS PARA A SUA *FESTA-PROGRAMA*

1. Prepare assuntos para conversas: Como você vai ficar circulando a noite inteira e conversando rapidamente com inúmeras pessoas diferentes, arme-se de um arsenal de temas para conversas ligeiras. Verifique a lista de perguntas que preparou no Passo 11, Marketing de Massa, para usar em eventos de solteiros. Uma lista com dez assuntos ou acontecimentos engraçados vai ajudá-la a circular com maior facilidade. Esteja sempre pronta para falar sobre esportes enquanto estiver solteira. Se você não tiver interesse no assunto, comece a ler as páginas especializadas dos jornais e peça a um amigo ou a uma amiga para orientá-la, ensinando-lhe o suficiente para se sair bem num breve bate-papo. Use também alguma informação interessante que aprendeu naquele curso de pescaria (ou qualquer outro voltado para o público masculino) que deve ter feito no mês passado. Pense em algumas histórias relacionadas ao tema da festa. Tenha uma coleção de piadas na ponta da língua (peça ajuda a amigos, se não conhecer nenhuma). Invista na preparação da festa para que circular e ser encantadora sejam atitudes naturais.

2. Coma antes: Você vai ter muito o que fazer nessa noite e não vai poder ficar provando a comida. Alimente-se antes de os convidados chegarem, não apenas para poupar tempo, mas para ter certeza de que a comida está saborosa e garantir que nada fique preso no meio dos seus dentes durante a festa. E não tome mais do que um drinque: você precisará estar sempre alerta!

3. Faça um escalonamento de convidados: Dependendo do número de pessoas e do espaço disponível para sua festa, pense na possibilidade de fazer um escalonamento da chegada dos convidados. Divida a lista ao meio (refletindo cuidadosamente sobre a mistura de pessoas em cada parte) e dê a cada metade um horário diferente. Por exemplo, a primeira parte pode receber o convite para as 9 horas e a segunda, para as 11 horas. Provavelmente o local vai estar apinhado de gente às 11:30, mas escalonar as chegadas irá maximizar sua capacidade de estabelecer contato com mais pessoas.

4. Ofereça uma lembrança da festa: As pessoas em geral não distribuem lembrancinhas no final das festas de adultos (a não ser em alguns casamentos ou em festas para angariar fundos para alguma instituição), por isso essa atitude será um toque diferente e agradável. É também uma excelente oportunidade de se fazer lembrar durante algum tempo. Seja criativa e escolha algo que reflita o tema de sua festa e/ou a sua marca pessoal. Peça conselhos à sua Mentora e a outras amigas criativas. Não precisa ser nada caro.

Gostei muito da idéia usada na festa italiana: a anfitriã distribuiu pequenas Torres de Pisa para que fossem usadas como pesos de papel, o que foi uma idéia brilhante. Por que brilhante? Porque um peso de papel costuma ficar numa escrivaninha e pode fazer com que a pessoa se lembre de você quando estiver sentada perto do telefone... pronta para fazer contatos que possam ajudar na ampliação de sua rede!

5. Conheça a sua lista de convidados: Reserve uma hora antes da festa para rever sua lista de convidados. Conheça-a do início ao fim. Pode ser difícil lembrar-se de nomes, fatos relevantes e conexões num grupo tão grande, por isso dedique um tempo para saber quem é quem e conhecer detalhes de cada um.

Uma de minhas conhecidas usou sua lista de convidados de maneira muito inteligente, embora não com o objetivo de arranjar marido, mas de conseguir um emprego. Ela estava numa festa em Nova York e viu os nomes de dois convidados que estavam na lista. Embora não os conhecesse pessoalmente, já havia visto fotografias deles nas revistas: Martin S., presidente de um grande banco, e George T., um famoso consultor financeiro. Durante a festa, ela se aproximou de Martin S. e disse: "George T. gostaria de cumprimentá-lo. Por favor, espere aqui." Depois, atravessou o salão, aproximou-se de George T. e disse: "Martin S. gostaria de cumprimentá-lo. Por favor, venha comigo." Então, colocou os dois sujeitos frente a frente, ficou no meio e apresentou-se, enquanto todos conversavam juntos. É preciso tirar o chapéu para uma mulher com tamanha audácia!

6. Crie um sentimento de boa vontade: Após rever sua lista de convidados, identifique várias apresentações que gostaria de fazer entre eles. Isso inclui apresentar homens solteiros que não são a sua cara-metade a outras mulheres solteiras. Faça também apresentações de convidados que tenham negócios ou interesses pessoais em comum. Criar situações para que novas amizades se desenvolvam vai gerar um sentimento de boa vontade para com você no futuro.

7. Descanse: A cada hora você deve correr para o banheiro ou quarto, respirar fundo e verificar como anda a sua aparência. Há algum pedaço de comida preso nos seus dentes? Precisa passar mais batom? Talvez precise rever a lista de convidados, que escondeu em algum lugar do quarto para lembrar-se do nome de uma pessoa. Se preciso, escreva um bilhete para si mesma lembrando que deve continuar alguma conversa depois da festa. Fique apenas dois minutos sozinha a cada hora e volte para a festa, para garantir que seus objetivos sejam todos cumpridos.

SERVIÇO AO CLIENTE

Acompanhamento dos resultados da festa

O Passo 12 não estará completo nem depois que o último convidado se for. Como já vimos em passos anteriormente, uma vendedora de sucesso sempre acompanha as possibilidades que surgem. Uma festa bem-sucedida deverá ter gerado pelo menos cinco novos contatos, homens ou mulheres. Provavelmente surgirão muitas oportunidades a ser seguidas, e você deve listá-las logo depois do evento para não se esquecer de nenhuma.

Enquanto tudo ainda estiver fresco em sua memória, passe uns 15 minutos anotando os novos contatos feitos. Pegue sua lista de convidados e faça observações ao lado dos nomes. Ele trouxe alguém que você não conhecia? Em caso afirmativo, qual é o nome da pessoa e o que você sabe sobre ela? Um amigo disse que a apresentaria a alguém? Quem? Quando? Você viu dois convidados que se conheceram na festa e pareceram ter gostado um do outro? Havia um pequeno grupo que seria interessante convidar para um jantar na sua casa, ou para saírem juntos dali a algum tempo?

Anote na sua agenda todas essas ligações e determine as datas dos acompanhamentos necessários: um lembrete para telefonar dali a dez dias para alguém que tenha sugerido uma apresentação, convites para saídas em grupo com alguns convidados selecionados que pareceram entrosar-se na festa, telefonemas de agradecimento para todos os que a ajudaram durante o evento.

Ir atrás ou deixar de lado

Lembre-se das regras de feminilidade do Passo 3, Embalagem! Eu *não* recomendo que você telefone diretamente para um homem que conheceu em sua festa e sugira um encontro. O ideal é que ele telefone primeiro, se formaram algum tipo de vínculo. Se ele não telefonar, use o acompanhamento de resultados da festa para planejar alguma abordagem sutil. Se conheceu um sujeito em particular que despertou seu interesse, ligue para o amigo em comum que o trouxe à festa e combine uma saída com um pequeno grupo que o inclua. Nesse caso, o amigo em comum poderia convidá-lo casualmente e seu interesse por ele não ficaria óbvio *demais*. Parece história de adolescente? Tudo bem. Você é jovem de espírito.

"Pares Trocados"

Uma outra idéia para depois da festa é organizar um encontro futuro, que denominei "Pares Trocados". É uma forma de capitalizar os recursos das mulheres solteiras que você deve ter conhecido naquela noite. A idéia é que a maioria delas já conheceu pelo menos um homem solteiro que, simplesmente, não era a pessoa que ela estava procurando: ex-namorados, pessoas interessantes com quem saíram uma ou duas vezes mas por quem não se sentiram atraídas, ou mesmo irmãos e primos solteiros. Convide várias mulheres para o seu evento "Pares Trocados", abra algumas garrafas de vinho e peça a cada convidada para colocar o nome de um solteiro dentro de um chapéu. Depois, cada uma vai tirar um nome, que será o solteiro "reciclado" que ela vai receber de alguma outra mulher ali presente. Aquela que escreveu o nome no papel deve telefonar para o sujeito e marcar um encontro às escuras entre ele e quem o tirou no sorteio. Duas mulheres podem trocar os nomes sorteados entre si para harmonizar mais os novos pares, caso alguém sorteie um homem que, por qualquer razão, pareça ser totalmente inadequado a uma delas. Mas todas devem voltar para casa naquela noite com um encontro marcado. É uma idéia inovadora e divertida. O vinho, porém, pode ser um componente fundamental!

VOCÊ DEVE ESTAR CURIOSA PARA SABER...

Com que freqüência posso fazer uma Festa-Programa?

Uma *Festa-Programa* é realmente uma tarefa difícil. Se realizada da maneira correta, você vai precisar de muito tempo e energia para planejar, coordenar e executar tamanha proeza. E vai criar um rombo no seu orçamento. Por tudo isso, um evento tão completo não pode ser repetido com freqüência. Talvez duas vezes num período de 18 meses seja o ideal.

Entretanto, se você conhecer algumas pessoas que queiram dar uma festa em conjunto, o custo e o trabalho poderão ser divididos, a lista de convidados aumentada, e vocês terão oportunidade de fazer mais festas.

Posso utilizar algumas dessas estratégias de marketing de eventos em outras festas para as quais eu seja convidada?

É claro que pode! Estratégias clássicas de marketing de eventos, como circular, preparar temas para conversas, criar um sentimento de boa vontade e fazer um acompanhamento dos resultados, não apenas podem ser usadas como devem se tornar um hábito em qualquer festa ou reunião.

Você acredita realmente que vou telefonar para um sujeito com quem, seis meses atrás, tive um encontro desastroso e vou convidá-lo para a minha festa, solicitando que traga alguns amigos?

É claro que sim! O *Programa* é um plano corajoso e assertivo para encontrar o seu marido. Não é um dia de verão descansando na praia. Não hesite em fazer com que o tempo perdido num encontro desastroso sirva para alguma coisa. Pense nisso como um dividendo resultante do tempo investido na preparação para o encontro, desperdiçado na conversa com uma pessoa que acabou não sendo o que você esperava e em reclamações com suas amigas no dia seguinte. Agora é hora de tirar algum lucro da situação.

Simplesmente telefone para ele e cumprimente-o com alegria. Vá logo dizendo que está ligando para convidá-lo para uma grande festa que está oferecendo. Não o deixe ficar imaginando outros motivos para sua chamada. Ele pode achar que você está interessada nele ou que está zangada porque ele nunca mais telefonou. Além disso, avise que haverá muitas mulheres solteiras e que você ficaria feliz se ele trouxesse amigos solteiros.

O que pode acontecer de pior? Ele recusar seu delicado convite? Azar o dele. Sua lista está repleta de outros convidados. Ele não se lembra de você? Sem problemas: apresente-se de novo!

Qual a proporção ideal de homens e mulheres numa Festa-Programa?

A proporção ideal é de 60% de homens e 40% de mulheres. Se pensássemos só em você, talvez o melhor fosse uma proporção de 90% de homens, mas queremos que eles também tenham uma noite agradável, não é mesmo? Eles vão se divertir mais se o número de homens e mulheres for quase igual. Além disso, provavelmente os homens sairiam da festa mais cedo se não houvesse um bom número de pessoas do sexo oposto. Lembre-se de que você também está procurando conhecer mulheres, pois elas constituem o seu melhor "nicho" para conseguir apresentações.

PASSO 13

O CICLO DE VIDA DO PRODUTO

Recarregue-se

O QUE APRENDI NA HARVARD BUSINESS SCHOOL

Os produtos têm um ciclo natural de vida. Em geral, eles atravessam quatro estágios, começando com a *introdução* no mercado, passando para o estágio de *crescimento*, no qual um grande progresso é atingido, avançando para a *maturidade* e, finalmente, atingindo o *declínio*, quando podem até ser retirados do mercado. Esse ciclo é normal e esperado e indica que um produto teve um bom desempenho. Os melhores produtos são reapresentados como "novos e aprimorados" e recomeçam seu ciclo de vida. Essas modificações refletem o trabalho constante dos gerentes de marketing, que estudam os padrões dos consumidores e fazem adaptações para manter o produto atualizado. Um gerente de marketing bem-sucedido prepara-se de antemão para esses estágios cíclicos e planeja o que fazer diante de sua inevitável ocorrência.

POR QUE É IMPORTANTE RECARREGAR

O *Programa* é uma maratona. Você vai conseguir um marido, mas leva algum tempo. É preciso cumprir cada passo e tomar conta de si mesma, física e emocionalmente. Talvez seu maior desafio seja manter a motivação. Após meses de intensa concentração e produtividade, as pessoas tendem a sentir um declínio em seus níveis de energia e motivação. Isso é natural e já é esperado. Você trabalhou com afinco nos 12 passos anteriores, conseguindo progressos e confiança em sua empreitada. E acabou de oferecer uma grande *Festa-Programa*. Depois de tamanho esforço, provavelmente está exausta. Mas não pode agir nem parecer cansada, pois isso não projetaria uma imagem atraente para um marido em potencial. Então, você precisa – e, mais do que isso, você merece – de um descanso! Nesta etapa, você deve fazer tudo completamente fora do *Programa*.

Finalmente, posso lhe oferecer um passo que você vai adorar! É breve e delicioso. No Passo 13, você não vai se comportar como nos anteriores, mas vai regalar-se em atividades prazerosas e despretensiosas. Não vai se preocupar com sua aparência ou com o que os outros pensam. Permita-se fazer o que quer que a deixe feliz!

COMO RECARREGAR

É preciso recarregar-se física e emocionalmente. Esses dois aspectos são de grande importância para dar o impulso de que você precisa para encontrar o seu marido nos meses que estão por vir.

Fisicamente

Existem várias maneiras de se recarregar fisicamente, e cada pessoa vai descobrir seu método preferido. O que faz seu corpo sentir-se descansado e rejuvenescido? Talvez seja a hora de tirar umas férias sozinha, com a família ou com amigos. Viaje para algum lugar que a deixe inspirada: as montanhas, uma praia. Ou vá para algum tipo de spa (meu local favorito!), onde você possa gastar parte de sua dotação orçamentária no que lhe der prazer. Se for muito caro, passe um dia, ou pelo menos uma hora, dedicando-se a fazer as unhas e uma boa massagem. Leve seu cachorro para ser tosado! Faça uma longa caminhada ou corra 15 quilômetros. Tire um ou dois dias de folga e faça o que lhe der vontade: durma até tarde, plante flores no jardim, asse biscoitos ou experimente uma nova receita. Leia um bom livro (mas *não* este!), visite um ponto turístico onde nunca esteve. Passe um fim de semana numa pousada não muito distante, que sirva um café da manhã como o de uma fazenda, com geléias e bolos caseiros.

Use suas roupas mais velhas e confortáveis, mesmo que não a favoreçam e esqueça-se de qualquer maquiagem. Pelo amor de Deus, nem pense em fazer escova no cabelo!

Seja lá o que você escolher para recarregar-se fisicamente, faça algo que lhe dê pouquíssimas chances de encontrar a sua cara-metade. Esse período deve ser livre de estresse e sem compromissos.

Emocionalmente

Use esse tempo para recarregar-se emocionalmente também. Reflita sobre sua vida fazendo uma lista de todas as coisas *boas* que possui. Essa lista pode incluir: saúde, família, amigos, emprego, filhos, animais de estimação, casa e tudo aquilo a que você se esquece de dar valor quando coloca como prioridade número um a procura por um marido. Passe um bom tempo contemplando tudo o que você *tem* e não o que está *faltando*.

Enquanto estiver fazendo essa lista, comece uma outra sobre tudo o que alcançou até agora com O *Programa*. Mesmo que ainda não tenha encontrado a sua cara-metade, tenho certeza de que teve algumas experiências vitoriosas, grandes ou pequenas. Congratule-se por ter aberto a sua mente quanto a juntar-se a grupos de solteiros, completar o seu perfil on-line, ser convidada para um segundo encontro com um homem de quem realmente gostou, não ter usado preto total para ir a uma festa, não ter chorado quando chegou em casa após um encontro desastroso. Anote o maior número possível de itens de que puder se lembrar: nenhum feito é insignificante! Quando essa lista ficar completa, pergunte a si mesma se fez mais progresso nesse tempo em que se juntou ao *Programa* do que nos últimos cinco anos de sua vida. Ficarei realmente surpresa se sua resposta for "não" e espero que a sua resposta afirmativa a ajude nesse processo de recuperação emocional.

Pode ser que, agora, você esteja apenas se sentindo um pouco perdida, pois tem saído três ou quatro noites por semana. Talvez esteja precisando de uma simples tarefa mundana, como arrumar seu armário ou organizar o álbum de fotografias.

Há algo mais de que você talvez possa estar precisando: um bom choro. Provavelmente há muitas emoções guardadas, que você foi acumulando e sufocando durante os passos do *Programa:* tristeza por expectativas frustradas com um encontro ou um namorado, sentimentos de rejeição e muitas noites de solidão. Alugue um filme bem triste e chore até desidratar! *Laços de ternura* sempre me faz usar uma caixa inteira de lenços de papel. É bom colocar para fora todas essas emoções antes de seguir em frente com sua jornada. No início do livro, eu lhe disse que não haveria conselhos psicológicos sobre os motivos pelos quais você ainda está solteira – somente atitudes. Mas, é claro, você não é um robô e precisa lidar com os sentimentos inevitáveis que fazem parte do cenário. O processo do *Programa* é, com freqüência, uma montanha-russa emocional.

A grande diferença entre uma futura noiva (uma mulher que cumpre O *Programa*) e uma mulher que vai ficar solteira para sempre é que a primeira não permite que suas emoções negativas sejam um obstáculo ao seu progresso. Ela lida com esses sentimentos naturais no lugar e momento apropriados e, depois, continua a caminhar com passos fortes!

ESTUDO DE CASOS:
COMO EU ME RECARREGUEI

Nina, 44 anos: "Eu não podia viajar, então transformei meu apartamento num refúgio por uma semana. Disse a minhas amigas que sairia da cidade e desliguei o telefone, o fax e o celular. Preparei drinques deliciosos, ouvi músicas dos Beach Boys e assisti ao Travel Channel, que mostra diferentes lugares por todo o mundo. Cheguei a colocar uma barrinha de chocolate de menta no meu travesseiro todas as noites para imaginar que estava num hotel. Dormi até tarde, li um livro de mistério e tive umas férias relaxantes sem sair de casa."

Marian, 50 anos: "Tirei três dias de folga do trabalho e fui visitar minha filha. Ela está na faculdade, numa outra cidade, e quase nunca temos tempo para longas conversas, como costumávamos fazer. Era isso o que estava me fazendo falta. Convidei-a para passarmos o final de semana juntas num hotel, pedimos serviço de quarto e ficamos acordadas até às três da manhã, conversando sobre os namorados, os colegas de faculdade e os planos dela para o semestre seguinte. Senti-me maravilhosamente bem ao admirar a linda moça que eu havia educado e por ver que ela estava feliz."

Amanda, 36 anos: "Sempre tive vontade de aprender a mergulhar. Fiz minha inscrição num curso de cinco dias num lugar paradisíaco fora da cidade e consegui um certificado de mergulhadora. Foi uma experiência revigorante vencer esse desafio. O tempo estava maravilhoso. As noites calmas e o mar fizeram todos os meus problemas parecer pequenos. Acho que poderia dizer que 'vi muitos peixes no mar' quando estava lá, mas foi delicioso pensar em levá-los à frigideira e não ao altar!"

Pauline, 62 anos: "Fiz uma visita de três dias à minha melhor amiga, que mora em outro estado. Ela ficou divorciada durante muitos anos, mas casou-se recentemente com um homem extraordinário. E está feliz como nunca. Em vez de me sentir enciumada por ela ter tudo o que eu desejo, senti-me otimista, pois, se aconteceu a ela, pode acontecer na minha vida também. Na viagem, eu vi algo que poderá, em breve, ser o meu futuro e fiquei entusiasmada."

Julia, 41 anos: "Fiquei em casa durante três dias e aluguei vários dos filmes mais tristes que já foram feitos até hoje. Eu havia acabado um relacionamento de quatro meses com um homem que, definitivamente, achava que fosse o que eu estava procurando. Precisava muito chorar. No jantar, ligava para o restaurante e mandava entregar pizza ou comida chinesa. Queimei a camiseta que ele havia deixado no meu armário e tomei um banho de espuma de uma hora todas as noites. No quarto dia, eu já estava tão cansada de ficar sozinha que saí e corri dez quilômetros. Recuperei a minha vida normal."

ALGUMAS VEZES VOCÊ SÓ PRECISA DAR UMA GARGALHADA

O *Programa* é um negócio sério, como você, agora, já sabe muito bem. Mas neste passo você só precisa encontrar um pouco de humor na situação e não se levar muito a sério. Recebi uma piada pela Internet intitulada "Marketing 101". É uma versão irreverente de vários termos de marketing do *Programa*. Achei muito engraçado e espero que você também ria bastante.

Marketing 101

Você vê um homem bonito numa festa. Aproxima-se dele e diz: "Sou fantástica na cama."

Isso se chama Marketing Direto.

Você está numa festa com amigos, vê um homem bonito. Um de seus amigos vai até ele, aponta para você e diz: "Ela é fantástica na cama."

Isso se chama Propaganda.

Você vê um homem bonito numa festa. Aproxima-se e pede o número do telefone dele. No dia seguinte, você liga e diz: "Oi, sou fantástica na cama."

Isso se chama Telemarketing.

Você está numa festa e vê um homem bonito. Aproxima-se dele e lhe serve uma bebida. Então, pergunta: "Posso?", e ajeita a gravata do sujeito, roçando os seios levemente no braço dele. E diz: "A propósito, sou fantástica na cama."

Isso se chama Relações Públicas.

Você está numa festa e vê um homem bonito. Ele se aproxima de você e diz: "Ouvi dizer que você é fantástica na cama."

Isso se chama Reconhecimento de Marca.

Você está numa festa e vê um homem bonito. Você o convence a ir para casa com sua amiga.

Isso se chama Representante de Vendas.

Sua amiga não consegue satisfazê-lo e telefona para você.

Isso se chama Suporte Técnico.

Você está numa festa e vê um homem bonito. Você diz: "A propósito, sou fantástica na cama – quer me levar para casa e experimentar?" Quando chegam à casa dele, você coloca uma camisola bem sensual e se deita na cama. Quando ele se aproxima, você diz que nunca prometeu que fariam sexo.

Isso se chama Marketing do Produto.

Você está indo a uma festa quando se dá conta de que poderia haver homens bonitos em todas as casas pelas quais está passando. Então, sobe no telhado da que fica bem no meio do quarteirão e grita bem alto: "Sou fantástica na cama!"

Isso se chama *Spam* (mensagem de e-mail não solicitada, enviada a muitos destinatários ao mesmo tempo).

QUANDO PARAR DE RECARREGAR

Ficar para sempre nessa etapa aconchegante é algo tentador, mas em algum momento você vai precisar interromper essa recuperação e seguir para o próximo passo. É muito fácil deixar-se levar pela corrente e mudar de rumo, por isso recomendo passar de cinco a seis dias neste passo. Vá analisando os seus próprios sintomas e mantenha-se nessa parada para descanso pelo período que for realmente necessário – desde que esteja fazendo progressos em sua revitalização.

Se ficar mergulhada por semanas a fio num estado de depressão, provavelmente não estará utilizando este passo com o espírito com o qual foi concebido. Pode ser que esteja retrocedendo e perdendo as esperanças. Fale com sua Mentora e encontre uma forma de emergir.

Tente finalizar o Passo 13 com algo estimulante, que levante seu ego e sua disposição. Se tiver um bom relacionamento com seus pais, vá visitá-los e sentir-se criança outra vez. Deixe-se mimar por eles. Ou, talvez, sinta-se melhor usando o cartão de crédito para comprar uma bolsa incrivelmente cara.

A transição de volta à realidade geralmente provoca desânimo. É como voltar para casa depois de um maravilhoso período de férias e pensar em ir trabalhar no dia seguinte. Ugh! Então, prepare-se para esse inevitável sentimento. Use o último dia do período de recuperação para fazer um planejamento. Pegue sua agenda e organize suas atividades do *Programa* para os próximos três meses. Determine novos objetivos semanais e mensais. Convide sua Mentora para um almoço de "volta ao batente" nesse último dia. Revê-la e reorganizar com ela os seus objetivos será uma excelente ajuda para reaquecer os motores. E se você tiver uma música favorita, que sempre faz seu coração bater mais forte, pegue o CD e toque-o bem alto na manhã seguinte, quando voltar ao trabalho.

PERDENDO A MOTIVAÇÃO
O QUE É UMA DESISTENTE DO *PROGRAMA?*

Já trabalhei com inúmeras clientes que experimentaram uma boa dose de decepções durante O *Programa* e acabaram perdendo a motivação. Embora isso seja perfeitamente normal, algumas mulheres não conseguem superar as frustrações e estão sempre querendo desistir. É um grande erro! O *Programa* envolve um trabalho árduo, mas a recompensa de conseguir um marido especial vale todo o esforço, certo? Já vi muitas pessoas encontrarem a felicidade após passarem por experiências difíceis! Na verdade, foi a própria dor que as tornou fortes o bastante para conseguir o que queriam.

Além disso, se você desistir, para onde vai? Eu mesma respondo: vai voltar aos padrões antigos, que só davam errado em sua vida. Vai voltar à solidão e resignar-se ao fato de que nunca encontrará um marido. Então, continue comigo... Como muitas mulheres podem comprovar, O *Programa* acaba realmente dando certo!

VOCÊ DEVE ESTAR CURIOSA PARA SABER...

Se tudo estiver indo bem comigo no* Programa *e eu não sentir necessidade de recarregar-me, posso pular este passo?

Somente uma pessoa em toda a história do *Programa* me fez

essa pergunta, mas achei que deveria incluí-la neste livro porque ela me fez perceber que nem todo mundo deseja parar no meio do caminho e sentir o perfume das flores. Mas a resposta é não. Mesmo que você tenha conseguido um encontro com um homem diferente a cada noite, mesmo que mais apresentações estejam pipocando através de mala-direta, nicho de mercado e campanhas de telemarketing, você precisa de um descanso agora. O motivo é que, em algum momento, vai acabar se sentindo exausta de tantas atividades. É melhor planejar um intervalo agora do que ser obrigada a frear bruscamente e sair derrapando por aí.

E se minha maior emoção nesse ponto não for cansaço, tristeza ou solidão? E se minha emoção dominante for raiva?

Muitas mulheres já me falaram da imensa raiva que sentem. "Os homens são uns imbecis, não querem compromisso, ficam me fazendo perder tempo..." E essas mulheres ficam com raiva do *Programa* também: "Por que preciso mudar minha embalagem e meus padrões de comportamento para arranjar marido?" Você tem todo o direito de ficar com raiva. Na verdade, fique com *muita* raiva. Este é o momento e o lugar para isso. Recarregar é também expressar seu rancor, não apenas relaxar e chorar. Encontre uma maneira de colocar tudo para fora. Bata no travesseiro até as penas saírem voando. Entre no armário e grite o mais alto que puder. O que funcionar melhor para você!

Eu não criei a realidade lá fora. É verdade, os homens têm um monte de problemas, e não é justo que você precise fazer marketing de si mesma para arranjar marido. Eu só estou aqui para ajudá-la a alcançar um objetivo, trabalhando dentro dos limites impostos pela realidade.

Com que freqüência posso voltar a este passo?

Recarregar é um passo muito produtivo. Ele ajuda a manter uma atitude positiva, o que é essencial para se encontrar um marido. Volte a este passo sempre que se sentir desanimada, desde que não passe mais tempo *dentro* do que *fora* dele. Uma vez a cada três ou quatro meses me parece razoável. Repetidas visitas ao Passo 13 são como vacinas: tome suas doses mantendo intervalos que a imunizem contra o declínio de energia e de motivação.

PASSO 14

REVISÃO TRIMESTRAL DE DESEMPENHO

Avalie seus resultados

O QUE APRENDI NA HARVARD BUSINESS SCHOOL

Para assegurar resultados favoráveis, as melhores empresas exigem revisões trimestrais regulares de seus negócios. Em outras palavras, a cada três meses os administradores devem avaliar suas estratégias e comparar o desempenho *estimado* e o desempenho *efetivo*. É inevitável que mudanças tenham ocorrido desde o momento em que a estratégia original foi planejada. Novas condições de mercado podem ter surgido, as pesquisas podem não ter sido precisas o bastante, os custos foram maiores que o esperado. O único aspecto constante no mundo dos negócios são as *mudanças*. Os administradores bem-sucedidos são capazes de prever as mudanças, avaliar continuamente os resultados, rever seu plano de ação e adaptá-lo às novas situações.

O QUE É A REVISÃO TRIMESTRAL DE DESEMPENHO DO *PROGRAMA*?

A Revisão Trimestral de Desempenho consiste em fazer uma análise concreta de tudo o que tem funcionado para você no

Programa e de tudo o que não tem dado certo. Os resultados irão ajudá-la a harmonizar suas táticas e fazer com que O *Programa* seja eficiente para você. Agora que teve algum tempo para recarregar-se, você deve estar em condições de analisar seus esforços de maneira bem clara. Esse processo de avaliação vai examinar a distância entre o que você *queria* que acontecesse e o que *realmente aconteceu* na busca pelo seu homem especial. A última coisa de que você precisa é perder seu tempo e energia insistindo em algo que não esteja gerando resultados positivos. Afinal, "quem não se lembra do passado está fadado a repeti-lo".

SEUS RESULTADOS

Quais são exatamente os resultados que você alcançou com O *Programa* até agora? Vamos começar com o essencial: ou você está namorando sério ou não está.

Se estiver, pode passar agora mesmo para o Passo 15.

Se não estiver, você vai avaliar seus resultados. Vamos fazer isso em três fases:

Avaliação 1. Quantidade e qualidade: a quantidade e a qualidade dos homens que você tem conhecido.

Avaliação 2. Retenção: sua habilidade de conservar os homens que despertaram o seu interesse.

Avaliação 3. Auditoria do *Programa*: áreas básicas do *Programa* que você precisa rever.

AVALIAÇÃO 1: QUANTIDADE E QUALIDADE

Imagine que você seja proprietária de uma loja. Há dois componentes que farão dela um sucesso: o *número* (quantidade) e o *tipo* (qualidade) de clientes que conseguir atrair. Quanto maior o número de clientes, maior será a sua chance de gerar vendas. Os clientes de alta qualidade gastam dinheiro, os de baixa qualidade fazem seus funcionários perder tempo e não compram nada. É bastante óbvio que o ideal é ter em sua loja um grande número de clientes de alta qualidade.

Então, nessa fase, você vai examinar a quantidade e a qualidade dos homens que conheceu e, com base nesses resultados, criar um *Programa* revisado. Um plano de ação customizado segundo sua atual situação.

Registre seus resultados

Definir a quantidade e a qualidade dos homens que você conheceu nesses últimos meses depende, de alguma forma, de sua situação. Como regra prática, entretanto, acredito que você está alcançando Sucesso Quantitativo no *Programa* se estiver obtendo quatro ou mais primeiros encontros (definidos como sair com um homem frente a frente) por mês, com candidatos diferentes. Para medir o Sucesso Qualitativo do *Programa*, defino como um *homem de alta qualidade* alguém que desperte em você o desejo de ter um segundo encontro. Você está conseguindo qualidade se tiver vontade de se encontrar pela segunda vez com, no mínimo, 50% dos homens com quem saiu (mesmo que não tenham, de fato, saído pela segunda vez).

A Matriz do Sucesso do *Programa*, que você verá logo a seguir, mostra quatro experiências de "compra" diferentes, que são análogas às suas experiências de encontros. Por exemplo, se você quisesse encontrar um lindo vestido e tivesse somente 15 minutos para fazer a compra, onde iria procurá-lo? Se fosse eu, iria a um shopping freqüentado por pessoas de alto poder aquisitivo porque é lá que podemos encontrar uma grande quantidade de produtos de alta qualidade. Eu não iria a um brechó, onde seria pouco provável encontrar um item de alta qualidade no meio de uma pequena quantidade de mercadorias. Uma feirinha aumentaria as chances, mas seria raro encontrar ali exatamente o que se deseja. Por outro lado, uma butique vende itens de alta qualidade, mas, sendo um estabelecimento de menor porte, suas opções de escolha seriam bem menores. Lembre-se, você só tem 15 minutos para fazer essa compra, por isso maximize as suas chances e vá a um shopping de alta classe. Pode ser que pague um preço mais alto, mas, assim esperamos, terá esse vestido para sempre.

Qual desses quatro quadrados descreve melhor sua situação atual?

Quadro 1 – Brechó: baixo volume de homens (três encontros, ou menos, por mês) e baixa qualidade (você deseja um segundo encontro com menos de 50% deles).

Quadro 2 – Feirinha: Alto volume de homens (quatro ou mais encontros por mês) e baixa qualidade (você deseja um segundo encontro com menos de 50% deles).

Quadro 3 – Butique: Baixo volume de homens (três encontros, ou menos, por mês) e alta qualidade (você deseja um segundo encontro com mais de 50% deles).

Quadro 4 – Shopping de Alta Classe: alto volume de homens (quatro ou mais encontros por mês) e alta qualidade (você deseja um segundo encontro com mais de 50% deles).

Matriz de Sucesso do *Programa*: *Encontre o seu quadro*

QUANTIDADE

QUALIDADE

	Baixa (três ou menos encontros por mês)	Alta (quatro ou mais encontros por mês)
Baixa (Você deseja um segundo encontro com menos de 50% dos homens com quem sai)	1. Brechó	2. Feirinha
Alta (Você deseja um segundo encontro com mais de 50% dos homens com quem sai)	3. Butique	4. Shopping de Alta Classe

Reveja Seu Plano de Ação

Tão logo identifique o seu quadrado, vá para o plano de ação correspondente.

Quadrado 1: Plano de Ação "Brechó"

Se você está num Brechó, está experimentando baixa qualidade e baixo volume. Não teve muitos encontros (três ou menos por mês) e os que teve só podem ser descritos com uma palavra: "lixo". Não eram homens interessantes, não tinham nada em comum com você, não estavam buscando um relacionamento sério, cheiravam mal, etc. Você desejou um segundo encontro com menos de 50% deles.

Esse é o quadrado menos desejável de se estar e você precisa sair daí bem depressa. Se estiver no Brechó, O *Programa* não está dando certo e precisamos descobrir por quê. Em geral, essa situação acontece quando muitos passos não são completados meticulosamente. Conversei com várias mulheres nessa situação. São pessoas que participaram de meus seminários, animaram-se com as novas possibilidades, mas agiram pouco, acreditando que O *Programa* iria encontrar um marido para elas como num passe de mágica, após efetuarem pequenas mudanças

Recebi um e-mail três meses após uma dessas mulheres ter participado de um seminário e descobrir-se num Brechó. Ela escreveu: "O seu *Programa* não funciona. Mandei clarear meus dentes, escolhi uma marca, inscrevi-me numa liga esportiva e pedi a três amigas que me fizessem apresentações. Só consegui dois encontros em três meses e ambos foram terríveis. Ainda não achei um marido."

Bom, eu teria ficado surpresa se ela tivesse *conseguido* arranjar marido com tão poucas ações! O que ela fez foi melhor do que não ter feito nada. Mas O *Programa*, como já disse várias vezes, é um plano estratégico abrangente, composto de etapas seqüenciais vencidas durante um período de 12 a 18 meses. Não é uma breve série de atividades realizadas uma única vez, sem qualquer planejamento.

Volte ao Passo 1, Foco de Marketing, e pergunte a si mesma se está verdadeiramente empenhada em cumprir O *Programa.* Você pode acabar descobrindo que, embora acreditasse estar se dedicando, seus passos foram muito dogmáticos ou consumiram mais tempo do que poderia dispor, fazendo com que não pudesse cumpri-los. Nesse caso, sugiro tirar outra folga agora. Volte à sua vida anterior e pergunte-se o que é preferível: sua antiga existência ou os sentimentos desconfortáveis que podem estar sendo produzidos na realização dos passos do *Programa?* É claro que o último cenário é o que pode lhe trazer um marido, se executado corretamente.

Nem toda mulher acima dos 35 anos deseja mesmo encontrar um marido. Conheço muitas mulheres que concordariam com a seguinte afirmação: "Seria bom se acontecesse, mas minha vida está completa sem um companheiro." Mesmo assim, a maioria das solteiras acima dos 35 sente um verdadeiro desejo de priorizar a busca por um marido. O que pode acontecer é que elas levam mais tempo para se acostumar com o trabalho árduo que o processo envolve. Quando você se encontra num Brechó, pode concluir de repente: "Farei qualquer coisa para achar um marido. Por favor, tire-me daqui!" Algumas vezes é preciso "fracassar" para aguçar a vontade de seguir em frente e vencer. Se essa descrição se aplica a você, dê meia-volta e recomece O *Programa* no Passo 1. Tenho absoluta certeza de que você é capaz de fazê-lo, se realmente quiser se casar!

É importante que você reveja todos os passos do *Programa*, mas os Passos 3 e 11 merecem atenção especial. Um problema comum a quem se encontra num Brechó é não ter sido bem-sucedida no Passo 3, Embalagem. Em geral, essa pessoa não recebeu críticas construtivas e existe algum aspecto físico ou emocional que a está segurando. Volte ao Passo 3 e selecione seis pessoas diferentes – três homens e três mulheres – que possam fazer novas críticas sobre sua aparência. Revise e pratique o texto sobre como pedir opiniões com uma outra pessoa dessa vez. Tenha a certeza de estar estimulando comentários verdadeiros. Esteja predisposta a fazer as mudanças sugeridas.

E, finalmente, certifique-se de que o Calendário do *Programa*, do Passo 11, Marketing de Massa, esteja de acordo com seus objetivos de volume. Você deve sair três a quatro vezes por semana e manter uma carteira diversificada de atividades.

Agora, você pode passar para a Avaliação 2, Medida de Retenção, neste capítulo.

Quadrado 2: Plano de Ação "Feirinha"

Se você está numa Feirinha, tem alto volume, mas baixa qualidade. Você conheceu vários homens (quatro ou mais encontros por mês), mas eram, em sua maioria, "lixo" – não eram interessantes, não tinham nada em comum com você, não estavam buscando um relacionamento sério, tinham mau hálito e mil outros defeitos. Você desejou um segundo encontro com menos de 50% deles. Apesar de receber muitas propostas, não se interessou pela maioria delas.

Essa situação é complicada. A raiz do problema, em geral, está no fato de sua marca estar atraindo as pessoas erradas. Por exemplo, Carla, uma mulher que participou de um de meus seminários, enviou-me um e-mail quando descobriu que estava na Feirinha. Junto à mensagem, ela mandou também sua fotografia, e pude ver que era uma mulher bastante atraente. A marca que ela havia escolhido estava voltada para sua aparência: "Modelo, Alabama, Ardente". O apelido on-line era "MissAlabama". Essa marca a retratava como uma rainha da beleza, não como uma mulher de conteúdo. Muitos homens estavam interessados nela, mas quase todos eram vazios e só pensavam no exterior de Carla. E tinham uma tendência a ser fisicamente agressivos. Ela cometeu o erro de ir para a cama com alguns deles, que logo depois a largaram. Quando avaliamos os resultados, Carla percebeu o que estava acontecendo, e eu a ajudei a mudar sua marca para refletir seu lado artístico e espiritual. A qualidade dos homens que passaram a se aproximar dela mudou completamente (para melhor) assim que ela começou a projetar sua nova marca: "Pintora, Espiritual, Alabama".

Então, se você estiver atraindo alta quantidade de homens de baixa qualidade, volte ao Passo 5, Marca, e faça a si mesma as seguintes perguntas:

- Sua marca é superficial?

- Sua marca é única?
- Sua marca é realista sobre quem você é?

Repita o exercício de criação de sua marca pessoal. Embora você deva ter realçado suas características positivas, anunciando essas qualidades em situações sociais, em comunicações estabelecidas com as seis mulheres com quem deveria encontrar-se, no telemarketing e na Internet, a marca escolhida pode estar atraindo o tipo errado de homem.

A marca errada também pode significar que o Passo 11, Marketing de Massa, está dando a falsa impressão de trabalhar a seu favor por estar aumentando o volume. Você deve recomeçar esse passo agora, usando sua nova marca. Atrair o tipo errado de homem é perda de tempo.

Um alerta: ouço muitas mulheres reclamarem da baixa qualidade dos homens que conhecem, mas o problema pode não ser o que parece. Talvez os homens não sejam de baixa qualidade e elas é que estejam sendo exigentes demais, concentrando-se apenas no "tipo" que idealizaram. Estar numa Feirinha também pode sugerir a necessidade de rever o Passo 4, Expansão de Mercado, e fazer a si mesma as seguintes perguntas:

- Você realmente aceitou a realidade de que pode apaixonar-se por um homem que não represente o tipo que sempre imaginou?
- Você fez o exercício de sair com três homens que representam sua rede ampliada e sua rede ampliada ao máximo?
- Você disse a todas as pessoas que conhece que está aberta para conhecer diferentes tipos de homens e que está simplesmente procurando um "homem especial"?
- Você expandiu os parâmetros de idade de seu perfil on-line, de acordo com o Passo 4?

Ainda preocupada com a qualidade? O Passo 9, Nicho de Mercado, geralmente resulta em alta qualidade de homens, pois envolve apresentações de mulheres que conhecem bem tanto você quanto a pessoa que desejam lhe apresentar. Tente esse passo mais uma vez, selecionando seis novas mulheres com quem se encontrar, ou quantas conseguir. Esse segundo grupo de mulheres não precisa cumprir todos os cinco critérios estabelecidos (casada, bem relacionada, casamenteira com alguma experiência, etc.). Procure as que preencham o maior número possível de requisitos. Este passo vale a pena ser repetido porque é a melhor fonte de homens de alta qualidade.

Agora, você pode passar para a Avaliação 2, Medida de Retenção, neste capítulo.

Quadrado 3: Plano de Ação "Butique"

Se você está numa Butique, encontrou homens de alta qualidade, mas em pouca quantidade. Os homens com quem você saiu são muito íntegros – pessoas decentes, com alguns interesses iguais aos seus, em busca de relacionamentos sérios, cheirosos –, mas são poucos e não aparecem com freqüência (três ou menos por mês). Você teve alguns bons encontros, mas a química simplesmente não aconteceu com nenhum deles a ponto de gerar um relacionamento. As probabilidades estão contra você numa Butique apenas porque não há muitas escolhas. Felizmente, essa é uma situação muito fácil de se resolver porque O *Programa* oferece inúmeras opções para aumentar o volume.

Os dois passos do *Programa* que geram maior volume são o Passo 7, Marketing On-line, e o Passo 11, Marketing de Massa. São esses os que devem ser repetidos. Faça a si mesma as seguintes perguntas – primeiro, a respeito do Marketing On-line:

- Você escolheu um apelido, uma chamada e um perfil

singulares e envolventes e colocou-os num site de encontros de grande alcance?

- Você pensou em inscrever-se em outros sites de encontros para ter mais opções?
- Sua fotografia principal é realmente a melhor que poderia conseguir e as outras são boas, mas realistas?
- Você está se encontrando pessoalmente, em no máximo duas semanas após o primeiro contato pela Internet, com os homens que lhe enviaram e-mails e que despertaram seu interesse?
- Você está alcançando os resultados esperados de namoro on-line listados no Passo 7?

Agora, pergunte a si mesma sobre o Marketing de Massa:

- Você saiu de casa três ou quatro vezes por semana para atividades não ligadas ao seu trabalho?
- Você diversificou suas saídas de maneira a experimentar um pouco de tudo?
- Você identificou vários grupos de solteiros em sua cidade e participou de muitos encontros?
- Você foi a vários locais onde solteiros se encontram e apostou em encontros casuais?
- Você levou um iniciador de conversas e foi sozinha?
- Você experimentou alguns serviços de namoro, como encontros rápidos ou excursões para solteiros?
- Você experimentou outras idéias, como ir a lugares freqüentados por pais descasados, dar um curso ou fazer alguma coisa audaciosa?

Faça as correções necessárias caso qualquer um dos itens acima tenha obtido "não" como resposta e continue a reforçar os Passos

7 e 11 – e quaisquer outros onde vem conseguindo algum sucesso – até o dia em que encontrar o homem certo para você.

Agora, você pode passar para a Avaliação 2, Medida de Retenção, neste capítulo.

Quadrado 4: Plano de Ação "Shopping de Alta Classe"

Se você está num Shopping de Alta Classe, está no melhor lugar: alta qualidade e grande quantidade. Você tem uma ampla seleção (quatro ou mais encontros por mês) de homens interessantes – agradáveis, com interesses semelhantes aos seus, procurando um relacionamento sério, perfumados, etc. Parece que você tem feito tudo certo, mas ainda não encontrou o seu homem especial. É preciso apenas fazer mais daquilo que já tem feito e ele vai aparecer, mesmo que leve mais tempo. Lembre-se, há sempre um pouco de casualidade que nos coloca no lugar certo, na hora certa. O segredo é continuar. Não desanime, não comece a duvidar de si mesma nem do *Programa*.

Existe um detalhe ao qual devemos estar atentas. Você está iniciando bons relacionamentos que repetidamente não dão certo? Se for o caso, então um outro problema pode estar ocorrendo. Talvez seja necessário um aconselhamento sobre as práticas de namoro (que serão discutidas no Passo 15, Estratégias de Saída), ou você pode estar atraindo o tipo errado de homem por ter criado uma marca falsa. Falaremos sobre relacionamentos malogrados e marcas falsas mais tarde, ainda neste capítulo.

AVALIAÇÃO 2: MEDIDA DE RETENÇÃO

Conseguir uma alta qualidade aliada a uma grande quantidade de homens para um primeiro encontro é apenas parte da batalha, pois, se os homens que você *deseja* que a convidem para sair novamente não o fazem, existe um problema. Você está pronta para a segunda fase da Revisão Trimestral de Desempenho: a Medida de Retenção. Essa fase vai ajudá-la a avaliar se está conseguindo conservar os homens que deseja. Por isso fique preparada para ouvir o que vou lhe dizer sobre a temível "entrevista de saída".

Entrevistas de Saída

Em muitas empresas, os gerentes de recursos humanos conduzem entrevistas de saída quando algum funcionário decide largar o emprego. Esse é o momento em que o funcionário é realmente honesto sobre sua experiência na empresa. Quando está de saída, ele se sente livre para expressar suas reais opiniões, sem medo de que as críticas o prejudiquem. Isso gera dados muito interessantes e produtivos sobre como conservar os futuros empregados.

No mundo dos relacionamentos, uma entrevista de saída significa conseguir críticas construtivas de homens que não voltaram a procurá-la. Já sei, já sei, isso parece que não vai ser nem um pouco divertido! Mas o ponto principal da Revisão Trimestral de Desempenho é conseguir críticas cruelmente honestas sobre como você está se saindo, para saber como melhorar os resultados no futuro. A todo instante, mulheres me contam que tiveram um maravilhoso primeiro encontro com um homem, mas ele nunca mais telefonou. Ou que tiveram um excelente relacionamento com um sujeito que, de repente, terminou o namoro. Você precisa descobrir por que isso aconteceu, pois pode ser conseqüência de um determinado padrão de comportamento que esteja sabotando sua vida amorosa. E esses homens são os únicos que podem lhe dar essa informação. *E, então, está pronta para ouvir a verdade?*

A boa notícia é que você não vai telefonar para seus ex-namorados pessoalmente, mas vai pedir a alguém que faça isso em seu lugar. Uma terceira pessoa, principalmente se for um amigo ou amiga em comum, tem mais chances de conseguir críticas honestas a seu respeito. Ela também vai atuar como um amortecedor, trazendo as informações para você de maneira neutra e construtiva. Você pode selecionar a sua Mentora ou alguém que lhe pareça bastante extrovertido e perspicaz e que tenha o dom de colocar as pessoas à vontade. Pode ser um homem ou uma mulher, desde que tenham essas características.

Sua entrevistadora (ou entrevistador) deve telefonar para no mínimo três a seis homens de quem você gostou, que a levaram a um primeiro ou segundo encontro e depois nunca mais telefonaram, ou que terminaram o relacionamento. Inclua um ou dois ex-namorados também. Os homens devem ser selecionados entre aqueles que conheceu através do *Programa* (de preferência nos últimos 12 meses) e representar uma variedade de personalidades, situações e fontes. O importante é que essa abordagem seja a mais descontraída possível. O entrevistador não pode deixar de fazer as seguintes perguntas a seu respeito:

1. Como você a descreveria?
2. Quais eram as melhores qualidades dela?
3. Que características ela poderia melhorar?
4. Você poderia me dizer por que não quis manter um relacionamento com ela?
5. Que conselhos você daria a ela quanto a futuros encontros e relacionamentos?
6. [Insira aqui perguntas específicas sobre quaisquer áreas problemáticas que possam preocupá-la.]

Resultados das Entrevistas de Saída

Estimule sua entrevistadora a fazer anotações durante as conversas, mas só chamá-la para conversar depois que todas as informações forem coletadas e agrupadas. Será mais útil para você saber que "somente um em cinco homens teve essa opinião", ou "quatro em cinco homens sentiram-se assim".

Nem sempre é fácil lidar com essas informações, mas essa atitude fará toda a diferença para ajudá-la a *não* repetir os erros do passado. Faça o possível para demonstrar à sua entrevistadora que ela deve ser totalmente honesta com você, sem esconder nada. Enquanto ela lhe passar as críticas feitas, tente manter uma postura bastante neutra, mesmo que sinta que acabou de levar um soco no estômago. Caso contrário, ela vai começar a pisar no freio e todo o processo terá sido inútil.

Em qualquer situação, as críticas são difíceis de enfrentar, principalmente sendo tão pessoais. Mas mantenha a sua visão nos benefícios de longo prazo e saiba que tudo o que ouvir só vai ajudá-la a alcançar seu objetivo de encontrar um marido especial. Antes de começar a conversa com sua entrevistadora, peça a ela que deixe para o final pelo menos três pontos positivos que tenha ouvido a seu respeito.

Quero que você ouça com atenção qualquer comentário negativo e o leve a sério, mas use o bom senso e sempre dê um desconto aos exageros. Alguns homens que saíram de sua vida têm muitas dificuldades próprias e você não vai, necessariamente, respeitar as opiniões deles. Se apenas um deles disse que você "falava demais", esteja atenta a isso dali em diante, mas não presuma que isso seja um grande problema. Entretanto, se quatro deles afirmaram que você "não é muito feminina", preste atenção. É importante ter consciência de como você é percebida pelos outros, ainda que não tenha especial apreço por essas pessoas.

Quando tiver coletado os resultados das entrevistas de saída, deverá ter algumas informações úteis sobre como tem sido vista pelos homens no passado recente. Discuta os resultados com sua Mentora e determine quais são os comentários válidos, sobre os quais vale a pena agir. Já ouvi críticas sobre pontos facilmente recuperáveis, como "ela não tinha bom hálito". Mascar uma goma de menta antes de cada encontro não exige muito esforço mental. As críticas mais difíceis de serem trabalhadas, porém, são as do tipo "ela tem três filhos e eu não estava pronto para assumir uma família", ou "eu simplesmente não me senti atraído por ela".

Para lidar com o problema da família, é óbvio que você não vai se livrar de seus filhos, mas pode usar uma estratégia semelhante à usada por uma de minhas clientes, Gina. Ela decidiu: "A não ser que ele me pergunte diretamente, não vou mencionar meus filhos até o segundo encontro. Ou terá havido uma química suficiente entre nós dois nesse ponto e ele estará aberto a nos aceitar como um pacote completo, ou vai expressar suas reservas e eu vou minimizar as perdas antes de investir muito." Se Gina descobrir no segundo encontro que o sujeito não está interessado em assumir a responsabilidade dos filhos de outro, eu não consideraria o primeiro encontro uma perda de tempo. Na verdade, ela estava maximizando as chances de um homem estar mais disposto a namorar uma mãe descasada *depois* de se sentir atraído por ela e de conhecê-la um pouco melhor. Algumas vezes, essa maneira funciona, mas você não terá desperdiçado nada caso não dê certo.

Quanto ao segundo problema, o fato de ele "não ter atração por você", esse é o tipo de comentário que pode ser importante. Se um homem disse que você não o atraiu, provavelmente vai fornecer alguns detalhes sobre os motivos. Se lhe parecerem legítimos e forem algo que você possa solucionar voltando ao Passo 3, Embalagem, não hesite em fazer as mudanças necessárias. Tente não permitir que as críticas firam seus sentimentos, mas use-as para ajudá-la a fazer reajustes no sentido de melhorar. Por outro lado, se ele disse que "você não era o tipo dele", descarte essa informação. O que não atrai um homem pode ser muito estimulante para outro.

Portanto, guiando-se pelo bom senso, você vai conseguir promover mudanças onde elas forem razoáveis e possíveis e estará ciente de como os outros a vêem.

Relacionamentos Malogrados

As razões de um relacionamento malogrado podem não vir à tona durante as entrevistas de saída porque a raiz do problema pode ser bastante sutil e estar relacionada a uma falsa marca, ou seja, à seleção de qualidades que você gostaria que fossem verdadeiras mas que não correspondem à realidade. Por exemplo, uma mulher, Theresa, imaginava que sua marca, "Divertida, Realista, Música", era atraente no ambiente em que vivia. E era, mas infelizmente não a descrevia com exatidão. Na verdade, ela era uma pessoa imprevisível e uma consumista voraz. Theresa estava anunciando uma marca que não era capaz de ratificar. Ela estava perdendo tempo atraindo homens que gostavam da imagem original, mas que se decepcionavam quando percebiam que era falsa.

Theresa estava num Shopping de Alta Classe de acordo com as suas avaliações qualitativa e quantitativa. Ela estava conseguindo grande volume de encontros, com homens de quem estava gostando, mas o verdadeiro motivo pelo qual esses relacionamentos nunca a levavam ao altar era o fato de estarem construídos sobre uma premissa falsa. Analise a sua situação com honestidade: se você se vir num apuro similar, volte correndo ao Passo 5, Marca, e ajuste a sua para que projete a imagem de quem você é, não se esquecendo de enfatizar suas características mais singulares e atraentes. Theresa mudou sua marca para "Entusiástica, Sofisticada, Música", que era honesta quanto à sua personalidade, e começou a atrair homens com expectativas e necessidades mais adequadas à personalidade dela.

AVALIAÇÃO 3: AUDITORIA DO *PROGRAMA*

Não importa em que quadrado você está ou a quantidade de informações valiosas que conseguiu com suas entrevistas de saída, é preciso avaliar (ou "auditar") outras áreas nesta fase. A auditoria do *Programa* consiste numa lista de verificação com 11 áreas-chave. Faça a si mesma as perguntas dessa lista e, então, discuta as respostas com sua Mentora mais uma vez. Se todas as respostas abaixo não forem um retumbante "sim", você precisa parar e fazer os reajustes necessários.

Auditoria do *Programa*

Foco: O seu compromisso com O *Programa* é sua prioridade número um? Suas palavras são consistentes com suas ações?

Sua aparência: Você conseguiu críticas construtivas sobre a sua aparência durante o Passo 3, Embalagem? As sugestões que você conseguiu foram verdadeiramente honestas? Homens e mulheres fizeram comentários? Você acredita que está projetando a imagem mais feminina possível? A sua aparência – roupas, acessórios, etc. – é consistente com a sua marca?

Sua atitude: Mesmo que tenha sofrido algumas decepções durante O *Programa*, você tem mantido uma atitude positiva? Pessoas estranhas que olham para você do outro lado da sala vêem uma mulher feliz, livre e franca (e não hostil e distante)? Você toma cuidado para não projetar uma atitude negativa com comentários defensivos ou linguagem corporal negativa, como ficar sempre de braços cruzados?

Seus alvos: Você vem ampliando a sua rede desde o Passo 4, Expansão de Mercado? Seus alvos são realmente variados em idade, aparência, profissões e religiões? Você parou de se prender a estereótipos?

Sua Mentora: A sua Mentora tem um papel ativo em seus esforços? Ela está correspondendo ao que você esperava dela: uma torcedora animada, boa ouvinte e sábia conselheira?

Seu orçamento: Você destinou um orçamento suficiente no Passo 1, Foco de Marketing? As áreas em que gastou mais dinheiro foram as que geraram melhores resultados?

Associando tudo: Você está alcançando os seus objetivos de volume do Passo 8, Marketing de Guerrilha, e do Passo 11, Marketing de Massa? Você possui uma "carteira diversificada" de locais que freqüenta: tarefas do dia-a-dia, lugares, grupos e eventos freqüentados por solteiros, entre outros?

Timidez: Se você for tímida, conseguiu encontrar uma maneira cômoda de pedir o que deseja (por exemplo, enviar e-mails no Passo 10, Telemarketing, em vez de dar telefonemas)? Você tem certeza de que sua timidez não está sendo interpretada pelos homens como indiferença?

Acompanhamento: Você tem mantido um acompanhamento constante das oportunidades de apresentações que estão aparecendo? Está fazendo anotações de tudo o que se refere a oportunidades de namoro (Internet, mala-direta, telemarketing) num diário?

Sexo: Você está esperando até que ambos estejam conscientes de que estão mantendo um relacionamento para, então, fazer sexo? Está comunicando aos homens que sexo tem a ver com compromisso? Minha regra sobre namoro e sexo será explicada no Passo 15, Estratégia de Saída, mas vou resumi-la: não faça sexo cedo demais. Essa atitude passa a mensagem equivocada de que você está interessada num relacionamento superficial.

Depois da Auditoria do *Programa*

Depois de refletir sobre os resultados de sua auditoria, faça um resumo do que descobriu. Quais itens necessitam de mais tempo, energia e dinheiro? Que áreas têm sido difíceis para você? É melhor abandoná-las ou tentar melhorá-las? O que outras mulheres fazem melhor do que você para atrair homens? Existem mais possibilidades nas quais você deva investir? Que ameaças ou armadilhas existem para você nessa lista de auditoria? Como evitá-las? Escreva quais são seus objetivos para os próximos três meses, mas seja realista. Não existe nada mais perturbador do que criar objetivos inatingíveis.

Um denominador comum que observo nas mulheres que arranjam maridos no *Programa* é uma propensão constante a melhorar. Isso se refere tanto à implementação de mudanças quanto a uma *atitude positiva* em relação a aprender através de encontros e relacionamentos que não deram certo. Experimente repetir o Passo 14 com maior freqüência (a cada dois meses, se possível) e aposto que seus resultados vão subir vertiginosamente.

PASSO 15

ESTRATÉGIA DE SAÍDA

Administrando os homens

O QUE APRENDI NA HARVARD BUSINESS SCHOOL

Um bom plano para uma empresa que está começando sempre termina com uma boa estratégia de saída. Desde o início, fica subentendido que você não vai administrar o negócio para sempre, portanto é preciso fazer preparativos para sair quando chegar o momento certo. Você determina os objetivos até onde deseja levar um negócio e, quando esses objetivos são atingidos, pula fora. E parte para o projeto seguinte. Antes que qualquer quantia seja comprometida com um empreendimento, os investidores precisam saber como serão compensados pelo risco assumido e que tipo de retorno sobre o investimento pode ser esperado.

Mas *como* sair do negócio nem sempre é fácil. A época oportuna e o processo são os pontos essenciais. Uma empresária eficiente sabe gerir a companhia. Ela investe em pesquisas e desenvolvimento do produto, minimiza as perdas rapidamente, monitora as mudanças no mercado e espera que as vendas cheguem ao máximo. No momento certo, quando seus instintos lhe dizem que os lucros podem ser colhidos, ela fecha um acordo e sai do negócio.

O QUE SIGNIFICA "ADMINISTRAR UM HOMEM"?

Enquanto estiver trabalhando cada passo do *Programa*, é importante ter à mão uma estratégia de saída para quando começar a namorar alguém seriamente. Em outras palavras, quando encontrar um homem que possa ser seu futuro marido, como você deve determinar se ele realmente *é* o seu homem especial e como deve agir para levá-lo a assumir um compromisso? Eu identifiquei cinco fases pelas quais uma mulher engenhosa deve passar rapidamente quando encontra alguém que pode ser o homem certo.

Há muita psicologia a ser percorrida aqui. Na verdade, existem categorias inteiras de livros de auto-ajuda sobre assuntos ligados a namoro, seleção de um par ideal e levar um homem a assumir um compromisso. Mas o que eu, como uma mulher de negócios, posso contribuir neste passo é lhe ensinar como administrar, de maneira *eficiente*, o processo de transição do namoro sério para o casamento, para, então, sair do *Programa*. As cinco fases que descreverei a seguir irão ajudá-la a concretizar o negócio. Essas fases refletem lições fundamentais de administração do mundo dos negócios e, o mais importante, distinguem as Namoradas Talentosas das Namoradas Ineptas.

Embora minhas amplas orientações possam ajudá-la a atravessar o campo minado dos relacionamentos, basicamente os seus instintos é que irão direcioná-la ao homem certo.

Fase Um: Mantenha suas opções abertas

A Fase Um se inicia quando você começa a gostar muito de um homem. Vocês já se encontraram algumas vezes e os sentimentos parecem ser mútuos. Quando chegam nesse ponto, as Namoradas Talentosas mantêm suas opções em aberto pelo maior tempo possível, especialmente quando o namoro começa a ficar mais sério. Elas sabem muito bem que relacionamentos podem desintegrar-se súbita e misteriosamente. As Namoradas Ineptas apostam todas as suas fichas no mesmo número. Elas acreditam que, se os encontros estão indo bem, podem considerar-se a caminho do altar. Elas contam a todos que estão "saindo com uma pessoa", recusam ofertas de apresentações e param de freqüentar eventos para solteiros.

A fórmula para o sucesso dessa fase é administrar seu tempo com sabedoria. Se acontecer de vocês dois não chegarem ao casamento, você vai querer lembrar-se desse período sabendo que não foi perda de tempo. É preciso que você possa olhar para trás e ver que aprendeu alguma coisa através dessa relação, enquanto mantinha o ritmo do *Programa* e continuava a procurar por outros homens. Só por precaução.

No passado (pré-*Programa*), você perdia seu tempo investindo em relacionamentos que não levavam a lugar nenhum. Não se dispunha a conhecer novos candidatos enquanto tentava descobrir se um sujeito poderia ser o homem certo. Isso era, como se diz no mundo dos negócios, um "Custo de Oportunidade". Não que estivesse essencialmente errado, mas imagino que a *quantidade de tempo* que você levava para fazer tal descoberta era grande demais. No nível instintivo, você provavelmente já sabia, em três ou seis meses, se as coisas iam dar certo. Se você teve um relacionamento sério aos 22 anos, talvez ainda fosse muito jovem para interpretar um instinto. Porém, chegando a uma idade mais madura, já deve ter atingido um nível de interpretação de seus instintos capaz de lhe dizer, logo no início do relacionamento, se um homem é certo ou errado para você. Entretanto, sinais de aviso, apesar de percebidos, podem ter sido negados ou racionalizados, deixando-a confusa e prolongando a relação. Você pode não estar casada hoje porque perdeu vários anos de sua vida com o homem errado. Mas, agora, chega!

Portanto, quando começar a namorar um homem de quem

realmente goste, você deve manter as suas opções abertas e não o namorar com exclusividade tão cedo. Continue a seguir todas as outras atividades do *Programa* com toda a energia. Em qualquer passo que esteja, ponha o pé no acelerador. Você precisa dos Planos de Segurança A, B, C e D no caso de o Príncipe Encantado ser, na verdade, um sapo.

Naturalmente, isso é bastante arriscado. E se o sujeito de quem você realmente gosta lhe perguntar: "O que você vai fazer na quarta-feira à noite?", e você tiver um outro encontro agendado, ou tiver planejado ir a algum lugar badalado, onde pode conhecer outros homens solteiros? Recomendo que você use uma abordagem vaga e responda: "Vou sair com uns amigos." Muitos homens irão entender e parar por aí. Mas, se ele insistir e pedir detalhes, diga apenas: "Nós já estamos no estágio em que podemos fazer esse tipo de pergunta um ao outro?" A beleza dessa estratégia é que, ou ele vai parar de questioná-la, o que vai permitir que você mantenha suas opções em aberto, ou vai expressar alguma preocupação e querer saber quem são esses "amigos", o que dará início a uma conversa sobre a seriedade do relacionamento.

Fazer com que ele indique o mais cedo possível o nível de seriedade com que encara a relação com você é uma estratégia excelente de gerenciamento de tempo. Se ele ficar nervoso e se retrair, você economizou um enorme tempo que poderia ter perdido. Se, por outro lado, ele se mostrar possessivo e ciumento e disser que quer ficar exclusivamente com você, encare como um bom sinal. Você acelerou um processo de semanas ou meses imaginando "o que eu represento na vida dele?".

A Regra Encontro/Sexo

A essa altura, você também deve estar se perguntando qual é o momento certo de fazer sexo. A resposta do *Programa* é esperar o máximo possível. Minha experiência tem mostrado que, quando se trata de adquirir um "item de alto valor" – nesse caso, uma esposa –, os homens não são compradores impulsivos. Eles levam mais tempo para conectar-se emocionalmente e não igualam sexo a amor, como muitas mulheres fazem, de imediato. Quanto ao sexo, recomendo aplicar minha regra "2/2": só faça sexo com um homem depois de terem saído no mínimo duas vezes por semana, durante no mínimo dois meses consecutivos.

É importante ir devagar com o relacionamento, deixar que ele vá sendo construído pouco a pouco. Os casais que correm para assumir relacionamentos intensos cedo demais acabam colidindo e se queimando. Minha regra 2/2 pode parecer um tempo muito longo para algumas leitoras, mas essa é a minha fórmula mágica. Primeiro, por assegurar que seu relacionamento já é razoavelmente estável porque vocês têm se visto regularmente durante um período de tempo significativo. Segundo, por estimulá-lo a ver em você uma possível esposa ("um item de alto valor") e não uma mulher com quem passar algumas horas de prazer ("uma compra por impulso"). Se o sujeito em questão está em busca de sexo casual, a regra 2/2 vai logo eliminá-lo, pois ele pode conseguir o que deseja com mais facilidade e rapidez em outro lugar e não vai ficar insistindo com você. Use o seu bom senso quanto ao que vai acontecer no intervalo de tempo entre beijar e ir para a cama, mas saiba que errar para menos é melhor.

Fase Dois: Quem acha é o dono?

Evidentemente, a decisão de se casar não depende só dele. Agora que você o encontrou, gostaria de ficar com ele? *Você* tem de decidir se o homem que está namorando é a pessoa certa. Você se dispôs a ampliar sua rede e estar aberta a encontrar alguém que não fosse o seu tipo, pelo menos quanto à aparência externa. Mas agora deve decidir, ou reconfirmar, o que é mais importante para você internamente.

Faça uma pequena lista de, no máximo, três importantes qualidades que seu futuro marido precisa ter. Quando se vai direto ao ponto, somente uma ou duas costumam aparecer. Espere até essa fase para criar a lista, pois, até que você esteja apaixonada por um homem em particular, ela pode ser completamente diferente. Se um ano atrás eu lhe pedisse que escrevesse uma lista de no máximo três qualidades importantes, teria sido uma luta conseguir apontar tão poucas. Mas, quando estamos apaixonadas, isso muda completamente. Estamos buscando a inclusão e não a exclusão. Antes, sua lista poderia ser algo assim:

Ele deve ser...

- Inteligente
- Divertido
- Espontâneo
- Louco por crianças
- Bom comunicador
- Bondoso
- Generoso
- Religioso

...Agora que seu coração está batendo mais forte e você sente arrepios sempre que pensa nele, sua lista poderia ser mais ou menos assim:

Ele deve ser...

- Bondoso
- Louco por crianças
- Espontâneo

Isso pode ser tudo o que importa para você agora. O resto seria bom, mas sua opção foi pelo amor e não pela lista.

Mas como avaliar de maneira eficiente – bem-feita, mas rápida – essas três qualidades essenciais de sua lista? Pode ser que você já saiba se ele possui ou não tais qualidades, uma vez que já saíram juntos várias vezes. Mas, se não tiver certeza, você vai criar uma série de "testes" nos quais ele precisa passar. Num mundo ideal, por exemplo nos seus vinte e poucos anos de idade, haveria bastante tempo para descobrir se ele as possui. Vocês namorariam um ou dois anos, talvez vivessem juntos, e, com o tempo, você teria a sua resposta. Mas, no pós-35 anos, não há tempo a perder. Namoradas Talentosas obtêm respostas positivas para suas perguntas o mais rápido possível! As Ineptas passam meses esperando por oportunidades que possam determinar se um homem possui as qualidades que elas exigem.

Para conseguir uma resposta rápida nos negócios, você usaria uma análise feita no "verso de um envelope". Essa expressão significa que sua análise não seria completa ou científica, mas apenas uma rápida espiada nos pontos importantes, para ver em que direção sua resposta está caminhando. Imagine dois empresários sentados num saguão, tratando de um acordo. Eles pegam o primeiro pedaço de papel que estiver à mão – por exemplo, um envelope ou um guardanapo de papel – e fazem cálculos rápidos do valor do negócio sobre o qual estão tratando. No mundo dos relacionamentos, você vai criar um cálculo similar. Isso envolve uma série de três encontros (ou situações) com esse homem para saber, sem demora, se ele possui ou não as qualidades que você considera fundamentais.

Por exemplo, se você listar "Bondoso, Louco por Crianças e Espontâneo", poderia criar os três encontros seguintes para testá-lo quanto a esses atributos, num período de um mês. Esses testes variam de acordo com a definição individual das qualidades que constam da lista.

Encontro A: Teste de "Bondade"

- Sugira que ele e você se inscrevam como voluntários para passar um dia num asilo de idosos.
- Ou peça a ele que ajude sua amiga a transportar móveis para o novo apartamento.

Encontro B: Teste "Louco por Crianças"

- Peça a ele que passe o sábado com você, tomando conta de sua sobrinha.
- Ou leve-o a um piquenique com seus filhos, ou com uma amiga que tenha filhos.

Encontro C: Teste de "Espontaneidade"

- Convide-o para um fim de semana num hotel pequeno e simples, avisando-o com um dia de antecedência.
- Ou peça a ele que planeje algo divertido para aquela noite.

É óbvio que você precisa ser bastante sensata para criar esses testes. Se ele tiver um projeto importante para entregar na segunda-feira e precisar trabalhar durante todo o fim de semana, não faz sentido testá-lo quanto à espontaneidade nesse período. Da mesma forma, se você sabe que ele odiaria um relaxante fim de semana no campo, escolha um outro tipo de passeio para convidá-lo. Lembre-se, você está testando espontaneidade e não compatibilidade em relação às suas preferências de lazer. "Compatibilidade de Lazer" seria um item diferente, e você só iria testá-lo quanto a isso se fosse um dos três critérios de sua lista. Assegure-se de que seu teste conseguirá verificar exatamente a qualidade que você escolheu.

Devido à natureza breve e casual desses testes, a reação dele não é motivo para rompimento, mas lhe dará uma noção de se ele tem ou não as qualidades que você prioriza. O que você está procurando é algum tipo de informação adicional que a ajude a ter uma idéia mais rápida e clara de como ele é.

Faça a si mesma algumas perguntas antes de passar para a fase seguinte. Suas respostas vão ajudá-la a calibrar o seu barômetro interno sobre esse sujeito. Como você se sente quando está ao lado dele? Sente-se relaxada, à vontade, atraída e animada sobre o seu futuro? Você pode ser honesta com ele em relação às suas verdadeiras preferências e pensamentos nesse momento (exceto, é claro, quando se trata de uma proposta de casamento)? Ele é tolerante com seus pontos de vista e respeita suas opiniões? Vocês se comunicam bem um com o outro? Todos esses são indicadores precisos de um relacionamento bem-sucedido.

Fase Três: Não invista mais num mau negócio

Um dos erros clássicos que se pode fazer quando se administra uma empresa é "investir mais dinheiro num mau negócio". Em outras palavras, só porque você investiu algum dinheiro num projeto, isso não quer dizer que deva continuar a custeá-lo se não estiver dando lucro. É preciso minimizar as perdas e ficar de olho na próxima oportunidade. Naturalmente, isso também acontece no mundo dos relacionamentos. Se você perceber que o homem que julgava ser o certo é, na verdade, um equívoco, o que deve fazer? Imagine que ele não tenha passado nos seus testes ou que tenha dormido com a ex-mulher. Talvez outras coisas tenham acontecido de repente. Seja lá o que for, houve um motivo para rompimento.

As Namoradas Talentosas têm disciplina para terminar um relacionamento equivocado e seguir em frente, mesmo depois de já terem investido bastante tempo e amor. Não importa o quanto seja difícil, elas simplesmente o terminam. As Namoradas Ineptas enxergam os mesmos sinais e os racionalizam. "Talvez ele mude", "Talvez não seja tão ruim", "É melhor assim do que ficar sozinha" são algumas tolices nas quais elas acreditam.

Sei que o meu conselho é doloroso e difícil. Mas quero que você administre bem a sua vida para que O *Programa* possa funcionar. E isso implica minimizar as perdas bem cedo, quando a situação não estiver indo bem. É preciso fazê-lo depressa e enfaticamente. É uma amputação, não um puxão de orelhas. Telefone para ele ou marque um encontro. Diga que esse não é o relacionamento certo para você e explique os motivos. Depois, vá embora. Não dê mais nenhuma chance. Não sugira uma terapia. Não atenda quando ele telefonar. Conte aos familiares e amigos que está tudo acabado, para tornar o rompimento ainda mais real. E não fique amiga dele, caso o fato de vê-lo cause um impacto negativo em você.

Mas é claro que deve permitir-se algum tempo para sofrer, principalmente se estiver colocando um ponto final numa relação que envolveu emoções intensas. Vá logo para o Passo 13, O Ciclo de Vida do Produto, e recarregue-se. Durante uma semana, chore até desidratar, apague todos os e-mails dele e analise o que deu errado. Depois, pegue as fotografias e lembranças desse sujeito e coloque no fundo do armário, junto com todos os outros estímulos negativos que enterrou ali. É hora de recompor-se e voltar o seu foco para a busca do homem verdadeiramente certo para você. Agora, retome o passo do *Programa* que você largou antes de encontrar o seu falso príncipe.

Fase Quatro: Exclusividade

E se ele passou nos testes com louvor? E se você acreditar que ele é mesmo o homem que estava procurando e ele lhe der todos os motivos para acreditar que o sentimento é recíproco? Então, é hora de namorá-lo com exclusividade. Essa fase só deve ocorrer após uma conversa explícita com ele sobre o relacionamento. Você pode iniciá-la, caso ele ainda não o tenha feito. Nesse ponto, se uma conversa como essa o assustar, isso quer dizer que ele não está pensando em se casar com você por enquanto, se é que algum dia vai fazê-lo. Ambos devem deixar claro que o relacionamento envolve exclusividade e caminha para o casamento. Isso quer dizer que os dois vão recusar convites para sair com outras pessoas e vão retirar seus perfis da Internet. Vocês funcionam como um casal verdadeiro e comprometido: seus amigos e familiares (e os amigos e familiares dele) sabem que vocês estão mantendo um relacionamento sério. Ele já deve ter falado que a ama e você já deve ter dito o mesmo. Mas nem pense em morar junto com ele, o que servirá apenas para protelar o casamento, em vez de acelerá-lo.

Morar junto antes do casamento pode até parecer uma boa idéia para conhecerem-se melhor, mas o que geralmente acontece é que os dois assumem, pelo menos nos dois primeiros meses, o melhor comportamento possível. O relógio continua batendo, o tempo está passando. Tecnicamente, você ainda está solteira. Então, vocês descobrem coisas um sobre o outro que não são ideais. Mas, como não estão casados, podem não se esforçar o bastante para resolver os problemas. Ambos podem estar satisfeitos demais por terem encontrado alguém e, não desejando ficar solteiros outra vez, acabam não enfrentando os problemas para solucioná-los. Ele diz: "Vamos ver o que vai acontecer."

Enquanto isso, você não está procurando outras pessoas, está paralisada, presa a uma situação, até que, um ano depois, acorda – ainda solteira. A conclusão é que suas chances de se casar são maiores se vocês não morarem juntos antes. As chances de *continuar* casada também são maiores porque, quando os problemas surgem, pessoas casadas e maduras se esforçam genuinamente para resolvê-los, em vez de desistir.

Uma Namorada Talentosa não permite que o homem fique à vontade demais na situação. Ela deseja se casar e não faz nada que possa postergar o acontecimento. Namoradas Talentosas não baixam a guarda. Elas compreendem muito bem que ainda estão em "processo de venda" e não moram com o namorado. Namoradas Ineptas baixam a guarda, concordam em dividir o mesmo teto e deixam o tempo passar.

Estar ainda em "processo de venda" não quer dizer que você deva fingir ser o que não é. Significa que deve manter-se consistente com sua marca e continuar sendo a mesma mulher que ele tem amado por todo esse tempo. Não se transforme numa pessoa carente e insegura só porque decidiu que deseja casar-se com ele e não tem certeza de que vai receber uma proposta de casamento.

Você precisa eliminar ou negociar quaisquer pontos que possam levar a um rompimento, como práticas religiosas, desejo de ter filhos, agregar famílias, mudanças de emprego ou de casa. Se houver algum problema importante entre vocês, o relacionamento não vai progredir. Essa é a fase para resolvê-lo ou separarem-se. Não é preciso viver na mesma casa para conseguir isso. Se um problema importante não pode ser solucionado, termine o namoro. É difícil aceitar, mas você não deve perder nem mais um segundo com ele se souber que algo vai acabar levando ao fim do relacionamento. À medida que for navegando por essas águas obscuras, permaneça em "processo de venda". Seja esperta quanto à maneira de conversar sobre esses assuntos delicados e continue a enfatizar sua marca.

Fiquei muito impressionada pela maneira com que Debra, uma de minhas clientes, superou os pontos de tensão do seu relacionamento continuando a realçar o atributo de sua marca que seu namorado mais valorizava: "Flexível". Havia dois problemas básicos que surgiam sempre que ela e Matt conversavam sobre um futuro juntos: a paixão dele por velejar e religião. Matt amava esse esporte. Debra nunca havia velejado antes e, o que é pior, tinha lembranças de infância de um pai ausente que passava fins de semana inteiros longe da família praticando esportes com os amigos. Além disso, Matt era cristão, embora não muito religioso; Debra era judia e muito dedicada à religião.

Uma noite, Debra colocou esses dois assuntos em discussão com Matt. Ela lhe disse que vinha pensando bastante se formavam ou não um casal compatível. Disse que gostava muito de Matt e queria fazer uma sugestão para resolver os dois problemas que deixavam ambos preocupados. Ela lembrou o quanto era flexível, o quanto compreendia a paixão que ele tinha por velejar, e afirmou que jamais pediria que ele desistisse do esporte por causa dela. Debra perguntou se ele concordaria em não deixar que isso dominasse a vida de ambos e se ele poderia limitar o tempo que passava no mar. Pediu sugestões, e eles decidiram que três a quatro dias por mês e duas viagens mais longas por ano para velejar com os amigos seriam suficientes para satisfazê-lo.

Em troca, ela lhe pediu que fosse flexível quanto às diferenças religiosas. Debra perguntou: "Se tivéssemos filhos, você se importaria em educá-los nos preceitos da religião judaica?" Depois de muito conversarem, ele disse que, como ela havia sido tão flexível quanto aos seus passeios de barco, concordaria em educar os filhos como judeus. A verdade era que, para Matt, velejar era muito mais importante do que religião. E, para Debra, religião era mais importante do que a paixão do namorado por esporte. Cada um assumiu um compromisso que permitiu a ambos sentirem-se confiantes quanto ao futuro juntos.

Atualmente, Debra está projetando a melhor maneira de "concretizar o negócio" e induzir Matt a pedi-la em casamento.

Fase Cinco: Concretize o negócio

Você está num relacionamento exclusivo com um homem especial e ambos aprenderam a aceitar a bagagem um do outro. Agora é um jogo de espera: você está esperando que ele faça o pedido de casamento.

Namoradas Talentosas não aguardam eternamente. Elas criam um limite de tempo silencioso e não abrem mão dele. Namoradas Ineptas esperam, esperam e esperam, enquanto vão soprando, a cada ano, mais uma vela do bolo de aniversário.

O tempo é essencial. Se ele não vai fazer o pedido, você não vai continuar investindo dinheiro num mau negócio. Procure investir seu tempo e energia em outra pessoa, apesar da dor envolvida. Você deseja um marido, não a ansiedade de estar perto de um sujeito que não quer assumir um compromisso. Você pode estar com pressa de começar uma família, ou apenas cansada de ficar solteira. Mas *ele* pode não ter pressa nenhuma. Seu desafio é encontrar um equilíbrio – não empurrar com muita força ou apresentar um ultimato explícito, mas fazer com que ele entenda que não vai ficar esperando para sempre. É preciso que você tenha a certeza de que ambos têm os mesmos objetivos.

Se a abordagem "normal" de deixar que as coisas fluam naturalmente, se as conversas sobre um futuro juntos ainda não aconteceram depois de três ou quatro meses de exclusividade (*observação:* se você tiver menos de 40 anos, pode ter um período de execução menos rígido e esperar até uns seis meses), você pode tentar a "Abordagem Catalisadora". É melhor que um ultimato. Crie um catalisador para fazer o assunto "casamento" chegar a um ponto decisivo. Essa é uma situação de "crise", cujo resultado vai lhe dar mais informações sobre as intenções dele de pedi-la em casamento. Escolha o momento com bastante cuidado, quando ele tiver disponibilidade para concentrar-se em você e em sua chamada "crise". Existem muitas circunstâncias catalisadoras que podem ser usadas nessa fase, e você deve avaliar a sua própria situação e descobrir uma que seja verdadeira – algo plausível em sua vida nesse momento. Exagerá-la um pouco é bom para criar uma sensação de urgência e uma data-limite. A idéia é abalar o nível de conforto em que ele se encontra no aconchego desse relacionamento e entender melhor os planos dele para o futuro e o período em que pensa em executá-los.

Aqui estão algumas sugestões para atear fogo com a "Abordagem Catalisadora". Possíveis catalisadores incluem:

- O contrato de aluguel de seu apartamento está para vencer.
- Você está pensando em aceitar uma oferta de emprego em outro estado.
- Seu ex-namorado quer reatar o relacionamento.
- Um outro homem convidou-a para sair.
- Você foi convidada para fazer uma viagem de quatro semanas com uma amiga.
- Seu ex-marido deseja a custódia dos filhos e você precisa demonstrar ao juiz que pode oferecer a eles um ambiente estável em casa.
- Você vai completar 40 anos e seu ginecologista sugeriu que pensasse em congelamento de embriões.

Encontre um catalisador que faça sentido em sua vida. Digamos que o contrato de aluguel de seu apartamento termine daqui a dois meses. Então, faça com que ele saiba da situação e discuta suas opções. Vejamos: você pode renovar o contrato por um ano, pode pensar em comprar um apartamento de quarto e sala, ou pode aproveitar para mudar-se para a Califórnia, onde sempre pensou em morar. Como ele reage? Você vai saber muito sobre as intenções de casamento dele, observando sua resposta a essa situação e os conselhos que ele lhe der. Se ele disser: "Califórnia! Que maravilha! Vou ficar com saudades, não deixe de me mandar um cartão-postal...", você já terá sua resposta. Mas, se ele disser: "Por favor, não compre um apartamento tão pequeno; não será grande o bastante para nós dois", então podemos presumir que vocês estão no caminho certo. Use essa conversa para enfatizar a data de vencimento do contrato de aluguel e diga que, antes disso, você precisa tomar uma decisão quanto ao lugar em que vai morar. Mas nunca use o seu catalisador para dar um ultimato ou coagi-lo a pedi-la em casamento sob ameaça. Um compromisso obtido dessa maneira em geral não dura muito ou acaba num casamento infeliz ao longo do tempo.

Se você escolher o catalisador certo, pode obter informações valiosas sobre as intenções dele a seu respeito. Se ele indicar que tem intenções sérias quanto ao relacionamento, pergunte diretamente quanto tempo ele pretende esperar. Se ele responder que precisa de seis meses ou menos para sentir-se mais à vontade para pedi-la em casamento, marque a data em seu calendário e continue o relacionamento. Depois de três meses, confirme esse período, para que possa saber o mais cedo possível se ele vai se esquivar.

E, agora, vamos à parte que você não deseja ouvir. A verdade nua e crua. Se ele disser que não está pronto para assumir um compromisso nesse momento, ou se quiser esperar um ano ou mais para decidir se quer ou não se casar, não duvide dele. Essas palavras, vindas de um homem com mais de 35 anos, em geral significam que ele não está pronto para assumir um relacionamento com *você*, mesmo que afirme que a ama. Agradeça a ele por não a fazer perder mais tempo e termine tudo. Recarregue-se no Passo 13, depois volte ao *Programa* a toda velocidade, recomeçando de onde parou antes de conhecer o falso Príncipe Encantado.

CONCLUSÃO

Essas cinco fases de administração foram projetadas com uma estratégia geral: conseguir boas informações *rapidamente*. *Como* você navega nessa zona entre namoro e casamento é um ponto crucial. As mulheres previdentes e fortes o bastante para minimizar suas perdas o mais cedo possível são as que encontram maridos especiais num prazo de 12 a 18 meses.

NEGÓCIOS ANTES DO PRAZER

Uma carta para você

Cara Leitora,

Agora que você compreende a intenção completa e o potencial do *Programa*, possui todas as armas de que necessita para mudar a sua condição de solteira.

Mas você vai experimentá-lo?

Sei que esses 15 passos podem sobrecarregá-la. É claro que sim. Todas as suas emoções estarão completamente envolvidas: você ficará agitada, amedrontada, cética, nervosa, esperançosa... mas seja firme! Você tem de 12 a 18 meses para concretizar seu objetivo. São quase 550 dias para conseguir algo possível. Você vai vencer um dia após o outro, começando pelo Passo 1. Quando as coisas se tornam difíceis, as pessoas fortes trabalham com mais afinco!

Mesmo que você não tenha iniciado oficialmente O *Programa*, sei que já deve ter começado a pensar nas possibilidades. Talvez tenha se olhado no espelho e perguntado: "Maquiagem demais? Será que meu cabelo ficaria melhor mais comprido?" Talvez tenha afastado aquele sorvete com calda de chocolate, esteja meditando sobre uma possível Mentora e tenha dado uma olhadela no caderno de telefones para procurar seis mulheres "interessantes". Ou, de repente, começou a prestar atenção a artigos de jornais que tratam de relacionamentos pela Internet, passou a olhar com mais cuidado para as pessoas no mercado e parou de tomar o café da manhã em casa. Você pode estar pensando em cancelar sua assinatura de jornal para ter um bom motivo para ir até a banca, e sua cabeça deve estar fervilhando de adjetivos para definir sua marca pessoal. Ao seu redor estão homens altos, baixos, gordos, magros, carecas, sujeitos de aparência interessante que você nunca havia notado. As possibilidades são imensas. Seu modo de encarar a vida está se modificando. Subconsciente ou conscientemente, você está reunindo energias para O *Programa*.

E, pode acreditar, você está pronta.

Então, *agora* é a hora de dar os primeiros passos. Existe um homem especial em algum lugar esperando por você. *E existe algo que você pode fazer para encontrá-lo*. Por favor, não deixe que nem mais um dia se passe sem que você entre em ação.

Desejo a você tudo de bom,
Rachel

P.S. Por favor, não deixe de me avisar sobre seu casamento através do meu site: www.findahusbandafter35.com!

APÊNDICE

Serviços de relacionamento on-line

A Internet é muito dinâmica, por isso novos sites estão sempre surgindo, enquanto outros desaparecem. Uma boa dica é usar uma ferramenta de busca e pesquisar por palavras-chaves como "relacionamento", "namoro", "solteiros" e "encontros". Selecionamos alguns sites de relacionamento que você pode incluir no Passo 7, Marketing On-line, mas nunca se esqueça de trocar informações sobre esses serviços com seus amigos e amigas:

www.parperfeito.com.br (um dos mais procurados)
http://amor.aol.com.br (*Amor Aol* – para todos os solteiros)
www.terra.com.br/almas (*Almas Gêmeas* – para todos os solteiros)
www.uol.com.br/amigosvirtuais (para todos os solteiros)
www.comovai.com.br (para todos os solteiros)
www.lunchfortwo.com.br (marca almoços entre dois pretendentes)
www.poracaso.com.br (para todos os solteiros)
www.portalsolteiros.com.br (para todos os solteiros)
www.quaseacaso.com.br (voltado para maiores de 35 anos)
www.7minutos.com (promove "encontros rápidos")
www.tableforsix.com.br (promove "encontros rápidos")
www.tepego.com.br (para todos os solteiros)
www.amigosecia.com.br (promove eventos e turismo)
www.fulano.com.br (para todos os solteiros)
www.vaidarcerto.com.br (promove "encontros rápidos")

CONHEÇA OUTROS TÍTULOS DA EDITORA SEXTANTE

Francisco Daudt da Veiga

O amor companheiro

"Esse livro fala sobre a amizade, esse verdadeiro porto seguro da nossa emoção: a única coisa que é capaz de manter um casamento feliz por décadas, a única coisa capaz de complementar, ou mesmo substituir a família no sentimento de que existe alguma retaguarda para nós, alguém por você, a família dos que não têm família.

O amor companheiro é o acolhimento da nossa maior autenticidade, o descanso dos papéis sociais representados, a tolerância sem superioridade com nossas mesquinharias e nossos momentos de alma pequena, quando nada vale a pena. É o único lugar onde se pode falar abobrinhas alternadas com as mais sérias confidências, aquilo que se fala para quem se confia, em quem se tem fé, em quem se acredita."

Francisco Daudt da Veiga

Nicholas Boothman

Como fazer as pessoas gostarem de você à primeira vista

"Boothman é o Dale Carnegie dos dias de hoje."
The New York Times

Ex-fotógrafo de moda e publicidade, Nicholas Boothman percebeu que a atitude e a linguagem corporal dos modelos que fotografava eram bem mais importantes do que a beleza na hora de criar uma forte impressão visual. Esta descoberta o levou a pesquisar o assunto e se tornar, com o passar dos anos, um dos maiores especialistas na arte da imagem e da comunicação pessoal.

Nesse livro, Boothman ensina inúmeras formas de criar empatia, como adotar uma atitude positiva, desenvolver a habilidade para conversar, saber como abordar as pessoas, prestar atenção ao que os outros estão dizendo e ser o mais natural possível.

David Niven

Os 100 segredos dos bons relacionamentos

Por que tantos casais apaixonados acabam se separando depois que vão morar sob o mesmo teto? Quais são os segredos para se manter um relacionamento rico e amoroso em meio às demandas do trabalho, dos filhos e dos nossos próprios sonhos e planos?

Depois de analisar estudos e pesquisas científicas sobre os hábitos de namoro e casamento de milhares de pessoas, o psicólogo e cientista social David Niven reuniu dicas, conselhos e histórias para orientar todos aqueles que desejam ter uma relação sólida e feliz.

Allan e Barbara Pease

Por que os homens fazem sexo e as mulheres fazem amor?

"Esse livro é leitura obrigatória para todos os homens e mulheres que se amam, se odeiam ou simplesmente convivem. Você vai aprender sobre si mesmo, sobre o sexo oposto e como melhorar seus relacionamentos." (Dr. Denis Waitley, autor de *Impérios da mente*.)

Nesse livro você vai conhecer os importantes avanços da ciência da evolução humana e como suas descobertas se aplicam ao relacionamento entre homens e mulheres. Serão apresentadas algumas conclusões perturbadoras e controvérsias vão surgir, mas vamos nos reconhecer, entender melhor muitas coisas e, certamente, aprender a conviver melhor.

Shere Hite e Philippe Barraud

O orgulho de ser mulher

Numa discussão apaixonante, Shere Hite nos permite compreender melhor a evolução da sexualidade, da família e da sociedade, esclarecendo a importância do papel que as mulheres têm a desempenhar neste início do século XXI.

A partir dos Relatórios Hite, uma vasta pesquisa com dez mil mulheres e homens com idades entre 15 e 80 anos, a autora chegou a descobertas que revolucionaram a sexualidade de homens e mulheres e ainda hoje nos fazem rever velhos preconceitos, tabus e estereótipos.

Iyanla Vanzant

A vida vai dar certo para mim

Esse livro é um guia para o crescimento pessoal e espiritual, uma esplêndida oportunidade de você se conhecer, se entender e descobrir a essência do seu ser. Quando você se dedica a curar o seu mundo interior, se amando, se respeitando e usando esse amor e respeito como padrão para a sua relação com os outros, todas as riquezas deste mundo vêm até você.

Com a intensidade e a beleza de suas palavras, Iyanla Vanzant oferece 365 lições de vida, uma para cada dia do ano. À medida que for se libertando da velha maneira de ver a si mesmo e aos seus relacionamentos, você irá mudando sua forma de agir e, ao final de um ano de prática diária, terá vivenciado coisas maravilhosas.

CONHEÇA OS 25 CLÁSSICOS DA SEXTANTE

– *Muitas vidas, muitos mestres*, *Só o amor é real* e *Meditando com Brian Weiss*, de Brian Weiss

– *Conversando com os espíritos* e *Em busca da espiritualidade*, de James Van Praagh

– *A última grande lição*, de Mitch Albom

– *Enquanto o amor não vem*, de Iyanla Vanzant

– *A oração de São Francisco*, de Leonardo Boff

– *O ócio criativo*, de Domenico De Masi

– *Mantenha o seu cérebro vivo*, de Lawrence C. Katz e Manning Rubin

– *Por que os homens fazem sexo e as mulheres fazem amor?*, de Allan e Barbara Pease

– *Uma ética para o novo milênio* e *Palavras de sabedoria*, do Dalai-Lama

– *Histórias para aquecer o coração*, de Mark Victor Hansen e Jack Canfield

– *100 segredos das pessoas felizes* e *100 segredos das pessoas de sucesso*, de David Niven

– *Aprendendo a gostar de si mesmo*, de Louise Hay

– *Um dia "daqueles"*, *Querida mamãe* e *O sentido da vida*, de Bradley Trevor Greive

– *Você é insubstituível* e *Dez leis para ser feliz*, de Augusto Cury

– *A vida é bela*, de Dominique Glocheux

– *Faça o que tem de ser feito*, de Bob Nelson

– *Não leve a vida tão a sério*, de Hugh Prather

Informações sobre os Próximos Lançamentos

Para receber informações sobre os próximos lançamentos da Editora Sextante, queira entrar em contato com nossa Central de Atendimento, dando seu nome, endereço e telefone para:

Editora Sextante
Rua Voluntários da Pátria, 45 – Gr.1.404 – Botafogo
22270-000 – Rio de Janeiro – RJ
Tel.: (21) 2286-9944 – Fax: (21) 2286-9244
DDG: 0800-22-6306 (ligação gratuita)
E-mail: atendimento@esextante.com.br

Para saber mais sobre nossos títulos e autores, e enviar seus comentários sobre este livro, visite o nosso site:
www.sextante.com.br